ハンディシリーズ
発達障害支援・
特別支援教育ナビ
柘植雅義◎監修

神尾陽子 編著

発達障害のある子の メンタルヘルスケア

―― これからの包括的支援に必要なこと

● 神尾陽子
● 石飛 信
● 中島洋子
● 奥野正景
● 海老島 健
● 岡 琢哉
● 全 有耳
● 大石幸二
● 染谷 怜
● 桑原千明
● 佐藤直子
● 多門裕貴
● 立花良之
● 加藤澄江
● 田中裕一
● 廣田智也
● 堀口真里

金子書房

「発達障害支援・特別支援教育ナビ」の
刊行にあたって

　2001 年は，新たな世紀の始まりであると同時に，1 月に文部科学省の調査研究協力者会議が「21 世紀の特殊教育の在り方について ～一人一人のニーズに応じた特別支援の在り方について～」という最終報告書を取りまとめ，従来の特殊教育から新たな特別支援教育に向けた転換の始まりの年でもありました。特に画期的だったのは，学習障害（LD），注意欠如多動性障害（ADHD），高機能自閉症等，知的障害のない発達障害に関する教育の必要性が明記されたことです。20 世紀の終わり頃，欧米などの他国と比べて，これらの障害への対応は残念ながら日本は遅れ，国レベルでの対応を強く求める声が多くありました。

しかし，その 2001 年以降，取り組みがいざ始まると，発達障害をめぐる教育実践，教育行政，学術研究，さらにはその周辺で深くかかわる福祉，医療，労働等の各実践，行政，研究は，今日まで上手い具合に進みました。スピード感もあり，時に，従来からの他の障害種から，羨望の眼差しで見られるようなこともあったと思われます。

そして 14 年が過ぎた現在，発達障害の理解は進み，制度も整い，豊かな実践も取り組まれ，学術研究も蓄積されてきました。以前と比べれば隔世の感があります。さらに，2016 年 4 月には，障害者差別解消法が施行されます。そこで，このような時点に，発達障害を巡る種々の分野の成長の全容を，いくつかのテーマにまとめてシリーズとして分冊で公表していくことは非常に重要です。そして，発達障害を理解し，支援をしていく際に，重要度の高いものを選び，その分野において第一線で活躍されている方々に執筆していただきます。各テーマを全体的に概観すると共に，そのテーマをある程度深く掘り下げてみるという 2 軸での章構成を目指しました。シリーズが完成した暁には，我が国における発達障害にかかわる教育を中心とした現時点での到達点を集めた集大成ということになると考えています。

最後になりましたが，このような画期的なアイデアを提案して下さった金子書房の先見性に深く感謝するとともに，本シリーズが，我が国における発達障害への理解と支援の一層の深まりに貢献してくれることを願っています。

2014 年 9 月

シリーズ監修 柘植雅義

Contents

第1章

メンタルヘルスの観点からみた発達障害のある子の支援ニーズ

神尾陽子

1 はじめに

　「メンタルヘルス」の定義をご存じだろうか。メンタルヘルス（心の健康）は精神疾患に罹っていない状態，といった狭い意味での健康を指していない。WHO（世界保健機構）の定義はこうである。「メンタルヘルスとは，人が自身の能力を発揮し，日常生活におけるストレスに対処でき，生産的に働くことができ，かつ地域に貢献できるような満たされた状態（a state of well-being）である」。つまり，単に病気でないということではなく，私たち，精神疾患に罹患していない人も，罹患している人もすべての人にとって，社会の中でその一員として感じる主観的な概念である，ということである。したがって，メンタルヘルスは，一人一人にとって重要であるだけでなく，すべての人を構成員として包摂する社会の側からみても，生きがいのある社会であるために必要不可欠なのである。「メンタルヘルスなくして健康はない」という大スローガンのもと，世界各国でメンタルヘルス施策が取り組まれているのは当然のことであり，まだまだその取り組みは十分とは言えず，その重要性が過少評価されていると言わざるをえない。

　本稿は，児童期のメンタルヘルスがなぜ重要なのか，誰一人取り残さないメンタルヘルス対応を行うために必要な環境整備とは，さらにその中核となるターゲットの一つが発達障害のある子どもたちであることなどについて，エビデンスを紹介しつつ概説をする。

2 児童期のメンタルヘルス

　世界中の子どもたちの1～2割がメンタルヘルスの問題で苦しんでいる。児童期のメンタルヘルスの問題は，孤立やいじめといった対人関係上の問題，不登校，ひきこもりなど不安に関係する問題，インターネット依存，摂食障害，自傷行為といった行動上の問題から，違法薬物の使用や暴力，危険なセックスといった反社会的な領域に係るものまで，簡単に一つのカテゴリーで括れないほど多様で複雑である。

　最近の縦断研究からは，この時期のメンタルヘルスの問題は軽度であったとしても，一過性で自然に回復したとしても，長期的にみると広汎なダメージを及ぼしうることがわかっている。つまり，児童期のメンタルヘルスの問題は，放置しておけば成人後のメンタルヘルスに影響するだけでなく，身体健康，自殺，犯罪，経済状況，社会的機能といった領域にまでその望ましくない影響が及ぶということである（Copeland et al., 2015）。精神障害に罹患した成人の児童期を振り返って調べた研究からも，25～60％の人は児童期になんらかの行動障害の診断を受けていたことが報告されている（Kim-Cohen et al., 2003）。これらの研究結果からは，児童期には成人期にみられる精神障害とは必ずしも対応しないけれども，すでに情緒や行動になんらかの変調が始まっていたということがわかる。精神障害に罹患していないハイリスクの子どもまで含めると，メンタルヘルスの支援を必要とする子どもは2割は越えると推測される。

　以上より，成人後の幸せな生活のためにも，精神障害に罹患した児童青年の早期治療だけでなく，ハイリスクの子ども，そしてすべての子どもを対象とするメンタルヘルスの増進が，ひいては精神障害の予防につながり，重要であることがおわかりいただけると思う。WHOの「メンタルヘルスアクションプラン2013–2020」は，こうした目標が2020年までにある程度達成することを掲げたものであった（World Health Organization, 2013）。従来のメンタルヘルスの取り組みは，問題の明らかな少数者のみを対象としていた，いわば医療モデルであったのに対し，今日，世界の流れはすべての子どもを対象とする予防や早期対応に力を入れる公衆衛生モデルである。

3 児童期のメンタルヘルス対応のための環境整備は学校が舞台である

　いうまでもなく，学校は子どもが貴重な時間の多くを過ごす場であり，大多数の健康な子ども，いくぶんメンタルヘルスのリスクがある子ども，そしてメンタルヘルスの問題のある子どもまで多様性に富んだ子どもたちが互いに関わり合いながら学びを経験する場である。したがって，メンタルヘルス教育を行い，予防的支援体制を敷くのにすべての子どもがアクセスできる学校は最適な立場にある。そのためには，学校が地域の保健・医療・福祉などの関係機関と連携して支援ネットワークを構築し，そのネットワークの一部として機能できる体制づくりは欠かせない。

　メンタルヘルス対応のあり方は公衆衛生的モデルにシフトしつつあるのが世界の動向である。つまり，予防的戦略として，一次，二次，三次とニーズによって支援を層に分け，一次的支援から二次的支援，二次的支援から三次的支援へと系統的に支援を配分するという考え方である。多くの国でこうした多層的支援システム（図1-1）が学校に実装されている。日本でも，巡回相談員，スクールカウンセラーやスクールソーシャルワーカーなど外部専門家の助言を取り入れて，子どもに合った学校での支援を調整する体制が徐々に整いつつある。学校内での支援を分断されたままバラバラに行うのではなく，系統的なシステムとして行うことは，支援の効果・効率だけでなく，医療など社会資源の有効活

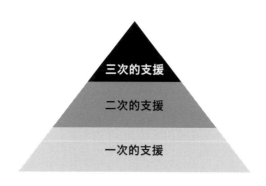

図1-1　学校全体での多層的支援システム（MTSS）
（神尾・岡，2020より引用）

用という社会的観点からもきわめて重要である（神尾，2017）。

　一次的支援は，すべての子どもを対象として，学級全体，学校全体で行う予防的取り組みである。目標は，メンタルヘルスリテラシー（具体的対処法の理解や必要な時に適切に保健医療サービスを利用できる力），ポジティブな自己効力感，そして問題を抱えたときにそれを乗り越える力（レジリエンス：逆境に対する反応としての精神的回復力や自然的治癒力）を育てることに置かれる。海外ではエビデンスのあるプログラムが多数開発されており，日本でも，認知行動療法的アプローチをベースとしたユニバーサル・プログラムが開発され，取り入れる小中学校が少しずつではあるが増えている（石川ら，2020）。

　二次的支援は，メンタルヘルスのリスクのある子ども，たとえば通級に通う児童生徒などを対象としたソーシャルスキル・トレーニングなど，少人数集団でのプログラムが相当する。二次的支援を受けても問題が改善しない子どもには，三次的支援，すなわち手厚い個別支援を行う。その際，学校外の専門家に支援をまかせるのではなく，専門的助言のもとで学校での支援を修正，調整して，子どものニーズに合ったものにしていくことが前提となる。二次的および三次的支援を受ける子どもは全体の15%と見積もられる。支援ニーズが高くなってくると教職員だけで対応することは現実的ではないのと同様に，これだけの人数の子どもの治療を絶対数の少ない専門的医療機関にまかせてしまうこともまた現実的ではない。教育と医療，福祉がそれぞれの役割を果たしながら同時並行で補い合って初めて，子どものニーズに合った包括的な支援となるということを強調しておきたい。

4 発達障害のある子のメンタルヘルス

　近年，学校で発達障害の診断のある子どもが増えていると言われるが，それは一つには自閉スペクトラム症（ASD）の診断数が増えているためである。実際，就学後に学校不適応でメンタルヘルスの問題を併発して初めて，ASDの診断を受ける子どもたちが増えているという現状がある。この10年の傾向を調べたスウェーデンの研究から，就学前にASDと診断された子どもの重症度は変わっていないのに対して，就学後に初めて診断された子どもは軽症の子どもが

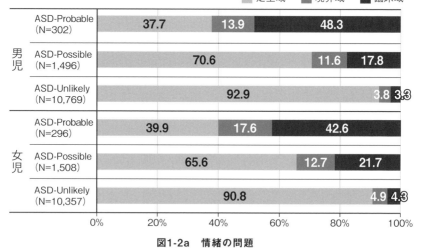

図1-2a　情緒の問題

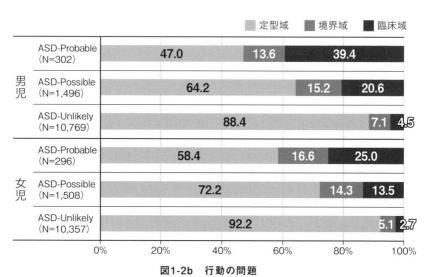

図1-2b　行動の問題

図1-2　ASD特性の異なる3群別に示した情緒の問題および行動の問題の程度の割合

※図1-2aはSDQ（メンタルヘルス評価尺度）で評価した情緒の問題，図1-2bはSDQで評価した行動の問題を呈する子どもの割合（%）を示す。困難度の高い順に上位10%を臨床域，次の10%を境界域，残り80%を定型域として一般児童集団における割合（%）を男女別に示している。ASD-Probable, ASD-Possible, ASD-Unlikelyは日本の女児，男児別に標準化されたSRS（ASD特性評価尺度）で評価したASD特性得点をT得点に換算し，T>75をASD-Probable，60≦T≦75をASD-Possible，T<60をASD-Unlikelyと群分けしたものである（森脇と神尾，2013から引用，改変）。

大幅に増えていたことがわかった（Arvidsson et al., 2018）。日本でも同様の
ことが起きている。就学前に診断も支援も受けておらず，通常学級に就学した
後に学校不適応や不登校となるケースの多くに，発達障害の特性がみられるこ
とはこうした診断数の変化の背景にある。

　図1-2a，1-2bは，ASD特性の高い子どもたち（図ではASD-Probable，
ASD-Possible群が相当）は，情緒や行動の問題といったメンタルヘルスの問
題を持ちやすいことを，日本の小・中学校通常学級に通う一般児童生徒2万人
強の大規模集団のデータに基づいて示した図である（森脇・神尾，2013）。ASD-
Probable群は，男女ともASD特性の高得点上位2.4％の，ASD診断が強く疑
われる子どもたちである。ASD-Possible群は，続く高得点12％に相当する，
ASD診断閾下となるような軽度なASD特性を持つ子どもたちである。図1-2a，
bから，ASD-Probable群の男女とも過半数の子どもが情緒の問題（臨床域と
境界域）を合併し，半数近くの子どもが行動の問題を合併していることがわか
る。ASD-Possible群については，女児の3分の1強，男児の3割が情緒の問
題を合併し，男児の3分の1強，女児の3割が行動の問題を合併していること
がわかる。このことは，ASD特性が高いとメンタルヘルスの問題を持つリスク
が高くなること，もっと言えば，診断がつかないレベルでもASD特性が高い
子どもには，定型発達の子どもと比べて数倍程度も高いメンタルヘルスのリス
クがあるということを意味する。

　スウェーデンの研究からも，ASD診断閾下の子どもがうつ病，ADHD，行
為障害，薬物乱用，自殺行動などのメンタルヘルスの問題に対して，定型発達
児よりかなり高いリスクを持つことが報告されている（Lundström et al., 2011）。
さらに幼児期にASD特性が高いと就学後にメンタルヘルスの問題のリスクが
高くなることも報告されている（Saito et al., 2017）。

　日本の教育現場では，通常学級においても児童生徒の発達障害および発達障
害特性に配慮した特別支援教育が行われているところである。上で示したエビ
デンスは，発達障害のある子の支援課題は発達障害だけではないことを示して
いる。ともすれば見落とされがちなメンタルヘルスの支援ニーズもまた高いと
いうことから，メンタルヘルスの観点からの支援も含めた包括的な特別支援教
育が定着することが強く望まれる。一人一人の子どもに合った適切な教育環境

とカリキュラムが工夫された多様性に富む特別支援教育が，どこの学校でも当たり前に提供されることを期待している。

5 おわりに

　メンタルヘルスの観点からその子どもに合った支援をするためには，やはりアセスメントに基づいて計画する必要がある。前述したように，就学前の発達情報から学校でのメンタルヘルスの支援ニーズを予測することは可能である。また2016（平成28）年度に改正された学校保健安全法施行規則では，学校医の行う健康診断を効果的に活用するために保健調査の充実が明記された。これまで保健調査は小学校入学時及び必要と認めるときにのみ行われていたが，小学校，中学校，高等学校及び高等専門学校（特別支援学校を含む）において全学年で実施することになった。保健調査の実際の運用は地域，学校に任されているため，メンタルヘルス関連項目を盛り込むことで，子どもたちのメンタルヘルスの支援ニーズを把握し，問題がみられたらぜひ早期対応していただきたいと思う。そのためにも地域での支援ネットワークを構築し，学校外の専門家の助言を大いに活用していただきたい。子どもたちがメンタルヘルスを育む教育環境において学び，子どもたち自身のメンタルヘルスへの理解を深める健康教育を受けるカリキュラムが整備されれば，その後の長い人生がその人らしく豊かなものになることを信じている。

【引用・参考文献】

Arvidsson, O., Gillberg, C., Lichtenstein, P. et al. (2018). Secular changes in the symptom level of clinically diagnosed autism. Journal of Child Psychology and Psychiatry, 59(7), 744–751.

Copeland, W.E., Wolke, D., Shanahan, L., et al. (2015). Adult functional outcomes of common childhood psychiatric problems: A prospective, longitudinal study. JAMA Psychiatry, 72:892–899.

神尾陽子（2017）．子どもの心の健康を学校で育て，守る：教育と医療を統合した心の健康支援．叢書23子どもの健康を育むために－医療と教育のギャップを克服する－.pp.99–114. 編集 神尾陽子他，日本学術協力財団，東京.

World Health Organization (2013). メンタルヘルスアクションプラン2013–2020. 訳 国立精神・神経医療研究センター精神保健研究所自殺予防総合対策センター. https://apps.

who.int/iris/bitstream/handle/10665/89966/9789241506021_jpn.pdf;jsessionid=B521
7A932651354FCCE3B49174F5820A?sequence=5 (Mental Health Action Plan 2013–
2020).

神尾陽子，岡琢哉 (2020)．心の健康は病気になる前の予防が重要．心の健康発達・成長支援マニュアル．Pp.13–16. https://sanita-mentale.jp/support-manual/（こころの健康教室サニタ）．

Kim-Cohen, J., Caspi, A., Moffitt, T.E., et al. (2003). Prior Juvenile Diagnoses in adults with mental disorder. Archives of General Psychiatry, 60:709–717.

石川信一，村澤孝子，岡琢哉他 (2020)．小学校におけるメンタルヘルス予防プログラムの実装心の健康発達・成長支援マニュアル．Pp.101–108. https://sanita-mentale.jp/support-manual/（こころの健康教室サニタ）．

Lundström, S., Chang, Z., Kerekes, N., et al. (2011). Autistic-like traits and their association with mental health problems in two nationwide twin cohorts of children and adults. Psychological Medicine, 41: 2423–2433.

森脇愛子，神尾陽子 (2013)．我が国の小・中学校通常学級に在籍する一般児童・生徒における自閉症的行動特性と合併精神症状との関連．自閉症スペクトラム研究, 10 (1), 11–17.

Saito A, Stickey A, Haraguchi H, et al. (2017). Association between Autistic Traits in Preschool Children and Later Emotional/Behavioral Outcomes. J Aut Dev Disord, 47(11):3333-3346.

第2章

発達障害のある子の精神科的問題の評価と治療
——自閉スペクトラム症を中心に

石飛　信

1　はじめに

　発達障害は自閉スペクトラム症（ASD）や注意欠如多動症（AD/HD）をはじめとする障害群の総称であり，発達障害のある子ではいくつかの障害の診断基準を同時に満たすような場合もある（例：ASDとAD/HDの合併）。加えて，後述する精神科的併存症（≒精神科的問題）が合併することも多く，元来有する発達障害の特徴とも密接に関与しながら子どもごとに異なる状態像が生じうる。医療的介入の必要性や学校や家庭でできる手立てを教職員，医療・福祉領域の支援者，保護者が適切に検討する上で，発達障害のある子にみられる精神科的問題をどう評価，治療するかの原則を発達障害のある子に関わる支援者たちが共有しておくことが重要となる。本稿では，発達障害の一つであるASDのある子にみられる精神科的併存症を評価・治療する上での基本的方針を解説し，教職員を含む周囲の支援者および保護者が発達障害のある子の精神科的問題とどう関わればよいかについて理解を深める機会としたい。

2　ASDのある子にみられる精神科的併存症

　ASDは，A）複数の状況下における社会的コミュニケーションおよび対人的相互反応の持続的な欠陥，B）行動・興味・活動の限局された反復的・常同的な様式の2つの中核症状が幼少期早期に出現する発達障害と定義されている。ASDのある子では，程度は様々ではあるが約70%の症例でなんらかの精神科的併存症が認められると報告されている（石飛ら，2015）。つまり，ASDがある子においては精神科的問題が高確率で生じうることを常に考え，子どもの障害

特性に合わせた支援を常に模索していく姿勢が必要である。この姿勢は子どもが有する主たる発達障害がASDではない場合も同様である。ASDでみられる精神科的併存症は、AD/HD・強迫性障害・睡眠障害・チック・気分障害（うつ病，双極性障害）・パニック・癇癪・自傷行為・興奮・被害関係妄想・フラッシュバック体験（タイムスリップ現象）・カタトニア・不安障害（限局性恐怖症，全般性不安障害，社会不安障害）など非常に多岐にわたる。聞きなれない専門用語がならんでいて児童精神医学の専門家でなければそれぞれの専門用語がどういう状態像を指すかわからないかもしれない。さらに、これらの精神科的併存症は明確に診断できるレベルからそうでないレベルまでさまざまであり，特に知的障害やコミュニケーションの障害が重篤な場合は児童精神科専門医でも診断や評価に迷うことが多いのも事実である。こう聞くと教育や福祉の現場で支援者が精神科的な問題を抱えていそうな子どもをどう評価し，どういう支援につなげていけばよいか途方に暮れるかもしれない。これは保護者においても同様だろう。なんらかの精神的問題が疑われた場合に，子どもの状態をどういうポイントに着目して評価していけばよいかを次節にまとめることとする。

3 精神科的問題の評価^{※注）}

（1）具体的にどんな精神的問題（困りごと）があるのか？

　一言でいうと，「当事者の訴えや現場（学校・家庭・施設）での状況を可能な限りそのまま記述，把握し，当事者にどんな困りごとがあるのかを具体的に明確にすること」が重要である。無理に専門用語を使って表現しようとすると，具体的な状況が見えにくくなることが往々にして起きるため極力避けたほうが無難である。例として "Challenging behavior（対応を要する行動上の問題）" が精神科的問題にあがっている例をあげて考えてみる。その前にChallenging behaviorについて簡単に説明する。定義上，特定の症状や行動，診断名を示す

※注　詳細については，国立精神・神経医療研究センター精神保健研究所 児童・思春期精神保健研究部（2018）を参照。

ものではなく，「本人自身や周囲の人間に悪影響を及ぼし，著しく生活の質を低下させ，社会生活への参画を阻害する行動」とされている。具体的には，癲癇，攻撃性，パニック，自傷行為，興奮，破壊的行動などがこれにあたる。上記の行動上の特徴に加え，「家族，ケアを提供する者にとっては障壁となる行動である一方で，当事者（知的障害を有する者）にとっては目的ある行動として表出しうるものであり，個々が持つ要因と本人を取り巻く諸要因との相互作用のもとでしばしば生じる行動である」と述べられており，行動上の問題を呈している当事者のニーズや周囲の状況との関わりの重要性についても言及されている。上記を考慮すると，Challenging behaviorとは，"（当事者の障害特性やニーズ，本人を取り巻く諸要因を総合的に考えた上で）周囲からの対応を要する行動上の問題"といえ，知的レベルによらずASDのある人に起きる可能性がある行動と考えられている。Challenging behaviorは，かかりつけ医にも相談されることが多い精神科的問題であり，薬物療法の主な対象にもなるためその評価の考え方が重要になる。前置きが長くなったが，Challenging behaviorが精神科的問題にあがった場合，「どのような状況で具体的にどのような言動として出現し，日常生活にどのような悪影響をもたらしているのか？」について当事者に関わる人間（家族，教員，施設職員など）から情報を集める。これにより，「Challenging behaviorがどんなパターンで起きているのか？」，「Challenging behaviorにより当事者が示そうとしているニーズや要望があるのか？」，「Challenging behaviorを起すことでどのような結果が本人にもたらされているのか？」，「Challenging behaviorの引き金となっていると思われる要因は何か？」などを推測することができ，具体的な対応方法が現場レベルで明確になることも多い。

（2）当事者のASDとしての特徴を把握する

「元々どんな特徴を持った人であるか？」ということを改めて把握することが重要である。これは先述の（1）で把握した困りごとがどういう経緯で生じたのかを考える際，ASDとしての障害特性が症状出現にどう関与しているかを考えることが必要不可欠だからである。既に医療機関でASDの診断がなされている場合でもそうでない場合でも主要徴候は個人差が大きいので再度確認す

表2-1　Challenging behaviorを憎悪，助長する可能性がある要因

併存する身体的障害：急激な興奮，自傷行為の発症がみられた場合には，疼痛や不快の原因が同定される場合があり，例として中耳炎，外耳炎，咽頭炎，副鼻腔炎，歯槽膿漏，便秘，尿路感染，骨折，頭痛，食道炎，胃炎，腸炎，アレルギー性鼻炎などが挙げられる。また，女性の場合，生理周期に一致して一時的に行動上の問題が出現する場合には，生理周期の影響を検討する必要がある（→この場合生理痛に対する鎮痛薬や経口避妊薬などが効果的な場合がある）。閉塞性睡眠時無呼吸症候群は，行動上の問題の悪化をもたらしるので，睡眠状況に関する問診が必要となる（→睡眠時無呼吸症候群に対する治療が有用である可能性がある）。
・併存する精神科疾患
・物理的環境（光や雑音）の変化　（例）急に近隣で工事が始まった。
・社会的環境（自宅，学校，レジャー活動場所）の変化　（例）長期休暇明け，転校，進学，デイケアの職員の入れ替わり。
・思春期での身体的変化
・不適切な養育（虐待も含む）
・予測可能性や構造化のなさ
・認知機能にそぐわない教育面または行動面での周囲の期待

べきである。具体的には「どのくらいの知的水準にあるのか？」，「どのような感覚刺激に過敏もしくは鈍感か？」，「どのようなことに強いこだわりを示すのか？」などがあげられる。

（3）困りごとの出現に関与しうる要因やきっかけがないか？

多くのメンタル面の不調は，発達障害特性に対する配慮の少なさや身体面・環境面の変化から生じることが多い。ASDのある子への支援は，多くはこの"関与しうる要因"への対応になるので，どういう対応をまず行うべきかを検討するうえで不可欠な情報になる。特にChallenging behaviorを増悪，助長する可能性がある要因として表2-1のようなものが挙げられており，可能な範囲できっかけや要因を探ることが大事でである。

（4）"不調時"に現れやすい特徴的症状や行動はないか？

精神科的問題があるということは「不調である」ということだが，個々の子どもでの不調の表出のしかたをこれまでの生活歴から探ることも重要である。"不調な時はどんな様子になり，どんな行動が増えるか？"などである。長時間子どもと接している保護者，教員，施設職員は実際にいい時と不調な時の双方を経験しているので直感的に理解いただけることが多いと思われる。ASD のある子の場合，確認行為が増える・動作緩慢になる（結果として日常生活動作にいつも以上に時間がかかる）・体の一定部位をしきりに触るようになる，チックが増えるなどが例としてあげられる。これは特に，言語表出の難しい重度の知的障害合併例において本人の調子を探る上で重要になる。調子が比較的よかった「いつもの様子」との比較が重要である。

以上のポイントに着目し，目につきやすい行動面での問題のみにフォーカスするのではなく，その背後にある諸要因について可能な限り検討を行うことが適切な支援への近道となる（氷山モデル，図2-1）。

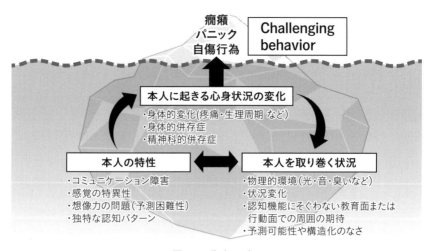

図2-1　氷山モデル

4 精神科的問題の治療

　前節で述べた評価の手順に従って精神科的問題を評価した後は，その評価に従って実施可能な支援を検討することになる。ASDのある子どもの治療の原則は，個々人の特性を考慮したうえで，生活場面の時間的・空間的構造化や感覚刺激に配慮した環境調整や療育上の合理的配慮を家庭や学校でまず行うことである。医療の役割は，家庭や学校で先述した評価の手順に従って収集された情報を基に支援方法の助言を行うこと，診断評価を行い必要な福祉サービスを享受できるための診断書作成を行うこと，必要に応じて医療的介入（薬物療法など）を行うことなどがあげられる。ASDのある子に対する薬物療法は，中核症状を対象としないこと，標的症状（主にChallenging behavior）が生じている背景を極力明確にし，適切な環境調整や行動面からのアプローチの有用性を十分検討した上で"補助的な治療法"として検討するべきであることが重要である。手順を踏まない薬物治療の開始や不要な継続は慎むべきである。

5 高校卒業後の生活を見据えたかかりつけ医との連携 —— 特別支援学校在学中に教員，養育者ができることは？

　経験上，特別支援学校に在籍する発達障害のある子どもでは，先述したような精神科的問題が在学中に目立たない場合でもライフステージが変化すれば精神変調をきたす可能性があり，障害年金受給などの福祉サービスを将来受ける必要性も高い。よって，高校卒業前までには本人をよく理解してくれているかかりつけ医（理想的には児童精神科専門医）をみつけておくことがやはり望ましいと思われる。筆者はこれまで何校かの特別支援学校で非常勤の学校医として勤務した経験があるが，明確に発達障害の診断がつきそうで，かつ精神科医療が必要と思われるケースであってもかかりつけ医を持っていない例が多く存在していた。そして卒業後にかかりつけ医探しに難渋した保護者から学校に相談が数多くなされていた。この背景には，児童精神科専門医の不足，在学中に保護者が受診の必要性をさして感じていなかった（教員は強く受診を勧めていても）といったことなどがあるかもしれない。児童精神科専門医の絶対数は少な

く，全ての子どもが専門医を受診できるわけでないのが現状であるため，児童精神科を専門領域としないが一定の対応が可能な精神科医にうまくつなげていくことが今後必要になるだろう。発達歴や知能検査について一から情報収集し，診断や治療計画を立てるのは時間の限られている臨床医にとって大変な作業であるので，教員の方々には当事者および保護者が医療機関を受診しやすくするサポート（≒一般の精神科医に受診を引き受けてもらいやすくなるような工夫）を是非お願いしたいと思う。具体的内容については図2-2にまとめた。

6 おわりに

　発達障害のある子にみられる精神科的問題に適切に対応していくうえで最も重要なのは，個々人の障害特性を念頭に置いたうえでの具体的な行動評価である。この行動評価が大きくずれた方向でなされると，誤った方向の支援，治療に結びつく確率が高まってしまう。個々の子どもの共通理解を深め，必要に応じて適切な医療介入につなげるためには支援者の間でこの"ずれ"を極力少なくすることが重要である。そのための第一歩は，発達障害のある子の支援に関わる全ての人が，個々の発達障害の基本的な特徴について"なんとなく知ってい

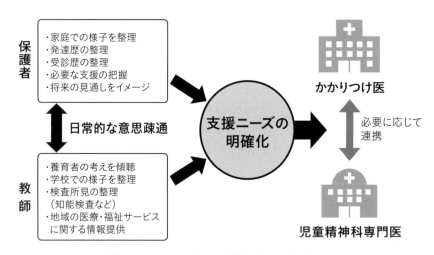

図2-2　かかりつけ医との連携に向けてすべきこと

る”から“支援を検討できるレベルで知っている”ようになることだと筆者は感じている。

　本章では中核症状に関する記述は最低限にとどめ，主に“精神科的問題の評価”の部分に焦点をあて，考え方の手順について解説した。精神科的問題が疑われる発達障害のある子のQOL向上に少しでも役立てば幸いである。

【引用・参考文献】

石飛信，荻野和雄，高橋秀俊，原口英之，神尾陽子（2015）自閉スペクトラム症と精神科的併存症．臨床精神医学．第44巻1号，37–43.

国立精神・神経医療研究センター精神保健研究所 児童・思春期精神保健研究部（2018）かかりつけ医等発達障害対応力向上研修テキスト（https://www.ncnp.go.jp/mental-health/kenshu/dd_taioryokukojo_H29.html）.

第3章

地域の中での発達障害のある子のメンタルヘルスの支援
——児童精神科医の役割を中心に

中島洋子

1 発達障害に対する児童精神科医の役割

　発達障害のある子どもの支援ニーズは，早期から介入し発達的支援を継続することで最大限の自立生活を保障すること，および併存する精神科的問題に対してリスク管理と治療介入することで良好なメンタルヘルスを維持することの二点であり，そのどちらにも児童精神科など専門医療の関与が必要とされる。

　母子保健による早期発見，医療による早期診断，早期療育の３点セットからなる適切な早期介入がまず重要であるが，児童精神科医療にはどのライフステージにおいても包括的な診断とアセスメント，またメンタルヘルスのリスク管理と治療的介入と継続的な役割がある。そして診断することで当事者をとりまく多機関・多職種による地域連携を最適化していくと同時に，ライフステージという時間軸の中で支援の一貫性を保つという作業も担うため，専門医療は狭義の医療にとどまらずおのずとケースワーク機能も果している（図3-1）。

　以下に，筆者らが岡山で取り組んできた早期から始めるライフステージ支援（岡山モデル）を紹介する。

2 早期介入：児童精神科医が協力する保健所の発達相談事業

　岡山県内の基幹保健所では1981年より一次健診や育児相談の中から発達課題を持つ幼児を対象に児童精神科医による「乳幼児こころの発達相談」事業を開始した。例えば現在，政令指定都市である岡山市（人口70万人，出生人口6,000人）では10人の児童精神科医が協力し，保健所において例年75回の相談を実施し250人程度のASD児の早期発見を行っている。近年は２歳前半での相談が最も多

いなど低年齢化と軽症例の相談が増加している。岡山では母子保健事業に児童精神科医が協力するこの仕組みにより発達障害の早期介入が進展し，ASDと指摘されると次の専門医療機関に紹介される流れが定着している。

3 専門医療機関の包括的な診断と専門療育への導入

　岡山県（人口190万人）には，公立，民間を合わせて児童精神科外来のある医療機関は7か所あり，20人前後の児童精神科医が発達障害児に対応している。

　早期介入に特化した医療機関は2か所で，乳幼児こころの相談機能があるため，初診患児の紹介元は保健所が半数以上を占め，次に保育園・幼稚園からと続く。ここでは，初診でASD特性の診断に加えて認知水準の評価を行い，ASD診断のあと希望があれば医療専門職による療育に導入される。療育が開始されると園生活の情報も併せてより詳細な行動特性が把握できるため，幼児期後半までにADHD，DCD（発達性協調運動障害），就学後のLD（学習障害）の可能性など他の神経発達障害の併存診断を追加していく。不適切養育や虐待，所属園などの環境調整にも感度をもった対応をするのは当然であるが，子どもの

○ **ライフステージにそった継続的な支援**
　　・早期介入，早期支援
　　・適切な診断と評価
　　　　→個別的な支援計画
　　・早期療育
　　・特別支援教育
　　・思春期・自己理解～就労前教育
　　・就労支援
　　・職場への定着支援

○ **家族支援（親の支援力をつける）**

○ **併存症とメンタル問題への介入と治療**

○ **チーム・アプローチ**

○ **他機関との連携，協働支援**

**地域支援システムの構築
支援モデルの共有**

＋

**ASD支援機能をもった
児童精神科クリニック**

児童精神科（医療 ＋ ケースワーク）

**ASD支援のどのライフステージにも
役割を果たす**

図3-1　発達障害：ライフステージ支援の重要性

状態が改善しない場合は療育プログラム自体の修正も行われる。また，虐待だけでなく，易刺激性，過敏・不安反応など情緒・行動問題に関しても，療育チームと医療の密接な連携があるため早期に介入しやすい利点がある。情緒・行動問題の質によっては医療による症状分析に基づいて，保護者の理解を促し薬物治療に進むという手順を踏む。例えば当院の場合，一時的なものも含めると幼児期の薬物療法歴は療育ケース全体の15%程度である。

4 医療・療育と地域の障害児保育の連携

　早期療育には，①医療機関の専門療育（障害児リハビリテーションによる作業療法や言語聴覚療法，または心理職による療育），②児童発達支援事業（障害福祉サービス）による療育，③大学や研究機関，民間事業者等との私的契約による療育，の３タイプがある。

　岡山市においては，専門医療機関とその付属施設における専門療育枠が多いため，早期診断を受けた幼児の殆どが，週１回または２週に１回の療育セッションを受けている。一般的に重いケースには個別療育，高機能や軽症ケースには，専門医療機関併設の児童発達支援事業（専門職配置）による小集団療育の形態をとり，療育ではASD児で伸びにくい社会性機能の経験値を上げるプログラムを展開する。また早期療育の重要な課題は保護者自身が子どもに対して適切な対応力をつけることであるため必ず保護者の陪席を求めて実施する。親子双方に対応する療育スタッフには，発達科学やASD特有の行動病理に関する知識だけでなく，保護者から出される様々なASD関連相談に対応できる総合的な力量（ジェネラリストモデル）が求められる。ASD支援の確かな出発点となるべき早期療育では，発達問題に加えて行動病理や併存症問題も扱う必要性から専門医療と近接専門職チームによる総合的視点，科学的根拠に基づいた療育内容，支援の適切性などが担保されるべきであろう。

　岡山市の障害児保育には，保育士加配方式と拠点園方式の二通りがあり，拠点園方式は現在13園において実施されている。ここでは拠点枠専用の保育室が整備され，10名の定員枠に対し５名の専従保育士の配置のもと，個別保育，小集団保育，逆統合保育，統合保育など各種のプログラムが展開される。最終目標

の意味のある統合保育に至るまでのプロセスを丁寧に積み上げる保育である。

　いっぽう，加配方式では，医師の診断書提出により加配された非常勤保育士により一般保育の中で複数の対象幼児を支援する制度である。診断を受けた幼児の殆どは医療機関の専門療育を受けつつ，保育園でも何らかの障害児保育を受ける並行支援が岡山では主流となっている。医療の専門療育と地域の障害児保育との相互連携や保育所等訪問支援なども活発であり，近年は，全ケースを対象にした共通シートを導入し，子どもの状態像や情緒行動問題，保育園における支援内容などの情報連携を始めたところである。この共通シートの介在で，保護者，園，療育者，担当医等との共通見解が持てるため，医療側の支援もやりやすくなっている。

5　児童精神科医による就学に向けた移行支援，教育との連携

　令和元年9月の岡山県調査によると，5歳時点でASD診断を受けている幼児は岡山市では10.8%，児童精神科クリニックの少ない県北でも9.5%と報告されている。軽症例でも早期診断と何らかの療育を受け，子どもの状態が好転した実感とASDの特性理解をした保護者からは，就学先の選択に関しても特別支援教育に期待が大きい。専門機関では就学相談を4歳児の後半から始めるが，家庭の様子，療育場面の情報，保育園での支援の状況，発達検査の変化など現在情報に加え，併存障害を含めた包括的診断名の意味や学童期に生じる可能性のあるメンタルヘルスリスクなどの情報も含めて説明し助言をしている。当院関連の療育終了児の就学先は，支援学校または知的障害支援クラスが15%，自閉症情緒支援クラスが40%，通常クラスは45%（うち半数が通級指導を利用）となっている。ちなみに，岡山市の支援クラス在籍率は4.4%（うち自閉症・情緒3.1%）と全国平均よりもかなり高率である。多くの保護者がASD特性を考慮し，安心して通学できること，学童期前半の社会性課題を伸ばすことなどを重視した選択をしていることが伺われる。また，就学時点では支援クラスに在籍しても，高学年で通常学級に在籍復帰するケースも多い実態があることも，支援クラスの選択要因となるなど，柔軟性のある特別支援教育に対する保護者の信頼は厚い。

6 学童期・思春期における児童精神科クリニックの役割

幼児期に診断を受け療育支援を経て就学するケースが主流であるため，近年は学童期になり初めて児童精神科に受診するケースは減少傾向を示している。しかし，学童期以降に新規に受診するケースも一定数はあり，その主訴は，孤立や対人関係問題，こだわり，不安，不登校，集中力欠如，衝動的行動，ゲーム依存，などである。また，幼児期の定期療育は就学で終了するため，薬物治療を継続するケースを除いて，多くのケースで学童期受診の目的が定期の発達相談や検査に変わる。それらの相談経過の中で，就学後の登校しぶりや不適応問題に対して継続受診が必要な児童が出てくるため，どの児童精神科クリニックでも年々受診児数が増加し，対応する医師とスタッフ不足が深刻な状況に直面する。

義務教育の中で，発達障害児は集団不適応を呈しやすく，教育と医療の連携は重要である。教育環境の適正化，ケースがいま必要としている教育的支援や合理的配慮，示している行動問題の見方，などについて，教育，家族，医療との間で共通認識が必須となる。学校や教育委員会に提出する診断書や意見書など，担当医の文書作成業務は非常に多い。さらに医療連携室の精神保健福祉士（PSW），保健師（PHN），心理職などが必要に応じて学校訪問やケース会議に参加して対応しているが，いまだ十分な連携が図れているとはいえない現状がある。

薬物療法に関して，この年代層では，ASDの易刺激性の治療目的が最も多く，ついで不注意症状や衝動性などADHD治療がほぼ同数を占め，3番目に不安障害や抑うつ症状という内容となっている。子ども診療では保護者や本人の話をよく聞き，ストレス対処法を考え助言するなど心理教育的介入を優先し，次いで本人の同意による薬物療法を開始するという対応が基本である。そのため当然初診や重要な局面で通院精神療法に要する時間は非常に長い。安定期の処方継続再診であっても，発達期診療の特徴として保護者に対する助言や次のステージで起こりうるリスク教育が必要なため手間暇がかかる面談が続く。

学童期・思春期には，ASD特有のいくつかの課題があり，課題別に心理療法が求められる。当院では，感情認知，コミュニケーションスキル，怒り行動，好

ましい親子関係作り，同世代との友達作りのためのPEERSプログラム，不安問題CBTなど課題別の認知行動療法など，有期限の心理教育プログラムを随時実施している。また保護者対象には，ASD特性の学習会を定期開催しているが，その他にPCIT（親子相互交流療法），CARE（Child-Adult Relationship Enhancement），PT（ペアレントトレーニング）なども有用である。

7 入院医療や福祉処遇との連携，成人期医療との連携

　重度の行動障害，または外来診療では問題が改善しないケース等には入院医療が必要となる。岡山県立精神科医療センターには児童思春期病棟があり，平素からクリニックとの連携診療体制が活発なため入院はスムースである。ただし，入院医療に切り替える際の留意事項として，家庭復帰したときの親子関係を良い形に戻しやすいタイムリミットを考慮し，多くの例で小学校4年生までを見極め年齢とするものの遅くとも小学5年までには入院医療に切り替えるよう早期対応を意識している。

　また岡山県立精神科医療センターには，大人の発達障害外来，および依存症外来が開設されているため，青年期の治療困難例など一部は順次成人外来に移行が可能である。しかし幼児期から継続受診している青年期ケースについて，児童精神科から一般精神科クリニックへの移行には診療課題の共有に関してギャップがあり流れは円滑ではない。

　またネグレクトや虐待など家庭機能に問題があれば，児童相談所との早期連携をするが，家族との分離が必要と判断すれば，迷わず一時保護や養護施設での生活支援が子どもの育ちに有用であるとの立場でケースワークしている。

8 青年期の就労移行支援との連携

　幼児期から児童精神科において継続的に介入した高機能ASDにも就労困難例や離職例が散見されるため，福祉部門においてASDに特化した自立訓練，就労移行支援，就労定着支援に取り組んできた。この部門では，当院通院ケースだけでなく，県立精神科医療センターの大人の発達障害外来など他の精神科通

院ケースも対象としている。試行錯誤の中で，ASDの就労移行支援とは職業訓練の場ではなく，ASD支援の仕切り直しであるという理解に立った支援を行っている。つまり実際の作業という軽いストレス負荷状態において問題となるASD特性に対し，自己理解を促しつつ，社会生活に必要な援助要請スキルや自己管理スキル（いわゆるソフトスキル）の獲得を援助するなど，青年期版ASD療育をすることで，社会参加の道筋をたてる作業である。本人の自己理解が進めば，持ち味を生かした就労先につなげることが可能となり，企業には個人のASD特性に関するトリセツを伝達し，さらに就労後の3年間は就労定着支援により，企業訪問や本人面接を継続してサポートしている。ASD特性に特化した就労支援では，利用者の半数以上の就労が継続できている。児童精神科医療の中では，高機能であってもドロップアウトするケースが出てくるため，この就労支援部門との連携があると，担当医にとっても当事者とその家族にとっても，将来の就労の見通しが持てるメリットが非常に大きい。

⑨ 児童精神科医による地域資源との連携，および専門医育成

　子どものメンタルヘルス支援は，一次，二次，三次の階層に分けられ，児童精神科医療は三次機能に位置付けられる。岡山の児童精神科医のほとんどは，臨床の傍ら二次機能である地域機関において専門医の視点から協力をしている。常時協力しているものを列挙してみると，保健所の発達相談，発達障害支援センター業務，児童相談所嘱託，通級指導のスーパーバイズ，教育相談室や教育センターの嘱託，就学支援委員会，支援学校精神科校医，児童自立支援施設，少年鑑別所・少年院など司法関係嘱託医，知的障害児施設や児童心理治療施設の嘱託医，教育・児童福祉・社会福祉行政の精神科学識経験委員などであり，多様な機関から児童精神科医療の専門性を請われて協力している。

　また，児童精神科医は岡山県精神科医会に所属し，岡山の課題を検討しているが，その主なものは，児童精神科医療の専門性向上，医療と近接する他領域との連携，そして若手医師の育成の3点に集約される。若手の精神科専攻医に対しては必ず児童精神科の入院医療と外来診療の見学・陪席を組み込み，さらに児童精神科医を目指す医師に対しては，幼児期診断を含めた児童精神科外来

診療，就学前療育活動への参加，児童思春期入院治療，児童相談所や保健所業務の分担，教育や福祉など周辺領域との連携業務など5年計画の育成プログラム（岡山方式）を用意している。

　以上，児童精神科医が発達障害支援を中心にしながら，地域の子どもメンタルヘルス支援のシステムを充実させるべく，時間をかけて取り組んできたことをまとめてみた。

学校で問題になる発達障害のある子のメンタルヘルスの支援
——スマホ，ゲーム依存や睡眠の問題，不登校など

奥野正景

1 はじめに

　メンタルヘルスとは，精神（こころ）にかかわる領域で，医療（治療），保健（健康の保持）を含む広い概念である。学校現場では，子どものメンタルヘルス上の問題が，こころの問題として表面化してくることはむしろまれである。ではどういう形で出てくるのであろうか。それは，身体の不調や適応を含む行動上の問題として出てくることが多い。例えば，小学校低学年では，頭痛や腹痛など体の不調，学習場面での問題，同級生とのトラブル，集団行動への適応困難などであり，高学年になるにつれ，友人関係の問題，いじめ，不登校，性の問題行動や非行，自傷などである。精神状態としてはうつ状態，いらいら，キレるなどが比較的捉えられやすい。環境の変化を含む何らかの広義のストレスが子どもに加わったときにその許容範囲を超えると，こころや体，あるいは行動上の問題として表れてくる。

　メンタルヘルス上の問題は，心理的，社会的な問題（環境の変化，友人関係や家庭内の問題，学習上の負担など）と生物学的な問題（性格や特性，身体疾患など）が，相互に影響し合って起こり，状況や個々の子どもによって，その影響の割合は異なる。学校は，学習の場であり，ある程度の人数の集団での行動が前提となる。その中で友人関係を主とした人間関係を構築し，主に言語による学習を行う。また，ストレスになるのは学校内の問題だけでなく，家族や周囲の状況，例えば，父母の不仲，被虐待や経済的困窮，時には校外活動での指導者からの暴言・暴力などもあり，これらも学校でのメンタルヘルス上の問題を起こす要因となる。これらの背景には様々な要因が関与しており，近年，子どもの持つ発達障害，あるいはその特性が関係していることが多くなってきて

いる。子どもに発達障害あるいはその特性があると，問題が起こりやすく，かつ特徴的で，その理解と対応に若干の知識と工夫が必要となる。

学校現場では，従来，心理・社会的要因が重視され，担任，生徒指導担当教諭，養護教諭，スクールカウンセラー等による相談や指導が問題の解決の方法としてとられることが多い。しかし，特に，発達障害の特性をもつ子どもにおいては，説明し，振り返り，内省を図り，言語による指導を行うなどの手法がうまくいかないことが往々にしてある。そもそも内面を言語化し表現することそのものにハンディキャップを抱えていることがあるため，対応している側が，子どもが何を考えているかわからず当惑することが多い。

発達障害を含む生物学的要因が関係する認知や行動特性の問題，医療的な関与が必要とされるべき精神疾患や福祉的援助が求められる被虐待や家庭内の問題などの事例について，担任や養護教諭の個人的努力での対応には限界がある。心理職や医師などの専門家の協力を得て学校として組織的に対応を行うべきである。子どものこころの問題は近年，複雑かつ深刻化しており，特に対応に苦慮する子どもは医療や福祉による介入を必要とするケースであることが多くなっている。さらに，心理的要因が重視されがちな不登校，いじめ，自傷行為（リストカットなど），拒食症などにも発達障害の特性を背景に持つ場合があることが明らかになりつつある。

したがって，子どもの抱える問題の性質を正確に見極め，適切な対応を行うには，子どもについて正しい知識と理解を持つことが不可欠である。特に，その子どもに発達障害があることが事前にわかっていない場合に，起こってくる問題の背景を的確にとらえるのは困難である。一般に乳幼児期に，発達の問題が周囲に認知されている子どもに対しては，入学前に，保健や福祉において，また，入学後には教育現場において，療育や特別支援教育などによる対応が不十分ながらも行われるようになってきた。むしろ，学校で問題が起こり，臨床現場にやってくるのは，それ以前に相談歴がない，あるいはあってもグレーゾーンや境界域とされ，看過されてきたケースであることが多い。

2 様々なメンタルヘルス上の問題と発達障害

（1）被虐待

　虐待は，心理社会的なストレスとなる。しかし，心理的な虐待や性的な虐待は，表面化しにくく，身体症状や，行動上の問題として表れることがある。子どもの発達障害特性はその育てにくさから被虐待の要因の一つであり，親の発達障害特性や精神疾患は，経済的貧困とともに虐待のリスク要因である。また虐待の結果が，脳の機能や形態に影響を及ぼし，発達障害類似の症状を呈することが指摘されている。どちらか一方と診断することは難しく，両方が複雑に関与していることが多い。養育者への支援としてのガイダンスや，ペアレントトレーニングなどの心理教育，さらには福祉や医療のアウトリーチ（訪問支援）による対応を行うことが役に立つ場合がある。また，虐待の影響が心的外傷後ストレス障害（PTSD）に至るようなケースでは，医療の関わりは必須である。子どもは事実を語りたがらないことが多い。従って，体のあざや火傷，服装の乱れ，奇妙な行動（時には自傷など），感情の不安定さなど，子どものちょっとした変化から気付けるよう常に注意を向けていることが，特にリスク要因を持つ場合には必要である。また，学校において，虐待の疑いがある子どもを発見した場合は，担任単独で対応するのではなく，速やかに児童相談所等と連携するなど，学校として組織的に対応する必要がある。

（2）いじめ

　学校や地域でのいじめは，子どもにとって大きなストレスとなり，身体的不調，学業成績の低下，不登校の要因となりうるだけでなく，将来の精神疾患のリスクにもなりうる。いじめには，言葉によるもの，暴力，仲間はずれを始めとするさまざまなタイプが見られ，最近はSNSにおけるものもある。子どもはいじめを受けていることを親や教職員に話したがらないことが多いため，日ごろの子どもの様子から気付くことが重要である。また，いじめに気付いた場合，事実関係を確認のうえ，いじめを行う子どもを含め，関係する子どもに適切に対応する必要がある。その際には，いじめを受けた子どもにメンタルヘルス上

の支援が必要かどうか，さらに，いじめを行った側の子どもにも考慮すべき背景（家庭的逆境，発達障害など）がないかどうかを見極めなければいけない。自閉スペクトラム症（ASD）や注意欠如・多動症（ADHD）の特性はその対人スキルの問題（例えば，場にそぐわない発言をする，約束を守れない，言わなくて良いことを言ってしまうなど）からいじめの対象となりやすい傾向がある。一方，衝動性や相手の気持ちを読めない点などが結果としていじめる側に立ってしまうこともある。背景にあるこのような特性を考慮に入れないと理解や対応が難しい場合がある。

(3) 心的外傷後ストレス障害 (PTSD) など

被虐待，自然災害や事故，犯罪被害等のような生命に危機を及ぼすような出来事（トラウマ）を自分かごく身近な人物が経験した後に，悪夢や精神的苦痛（不安・恐怖感），自律神経系を始めとする身体症状，退行（幼児返り），イライラ，集中困難などが見られることがある。さらに，トラウマを連想させる状況に遭遇した時に，強い苦痛を感じ，その状況を避ける。症状の内容や期間で，急性ストレス障害や心的外傷後ストレス障害（PTSD）などと診断される。このような場合には，まず，子どもの安全を確保することが重要になる。そのうえで，心理教育などを行うが，児童精神科医や心理職などの専門家による対応が必要となることが多い。発達障害を持つ子どもは，事故や犯罪に巻き込まれやすくその被害者になるばかりでなく，犯罪に加担するなど加害者になるリスクも持つ。

(4) 摂食障害

思春期女子に見られることが多い疾患である。拒食，過食などの症状を，子どもから訴えることは少なく，学校で体重減少や精神的不調で気付かれることがある。極端な食事の制限や自己誘発性嘔吐があると血液中の電解質の異常や月経の乱れなど身体への悪影響が表れる。生命に危険がおよぶこともあり専門医の受診が必要である。近年，発達障害を背景に持つケースが増えてきており，対応や治療過程において，障害の特徴を意識する必要がある。一人一人の特性を理解し，特性に基づく支援が必要である（高宮，2011）。

(5) 不登校

　臨床場面に表れる広い意味（文部科学省の定義でない）での不登校児の多くが，ASDやADHDなどの発達障害を持っており，また不安障害や身体表現性障害を併存することが知られている。13〜15歳で，当院を初めて受診したケースの調査では，半数に不登校があり，その多くに，ASDの診断がついた。しかし，受診以前に診断されているケースは少なく，この年代では，配慮や支援を受けていない，ASDの特性を持つ子どもと不登校が関係している可能性が示唆された。また，発達障害と診断し親や教師が特性を把握し，教育的支援を行うことにより，対人関係や学習面での問題が軽減し登校が改善する可能性がある（鈴木ら，2017）。なお，不登校の中には，統合失調症の被害妄想によるものやうつ病の意欲の低下によるものなど，専門医療機関での治療の必要があるケースも多くはないが存在するため，慎重な対応が求められる。

(6) ゲーム障害

　WHOはICD-11（国際疾病分類第11回改訂版）において，ゲーム障害（Gaming disorder）を国際疾病の一つに認定した。いわゆるネット依存と言われるものはこのゲーム障害を含む広い概念で，SNSや動画などへの依存も含む。ゲームについては，より報酬系に働き，射幸心をあおる仕組みがあり依存を形成しやすいと考えられる。これらはストレス解消や達成感を得るために行われ，その背景には，学業や友人関係での挫折や疎外感，家庭内でのストレスなどがある。衝動的で，刺激を求めるタイプのADHDの子どもは，やりたい気持ちを抑えられず，新しいより強い刺激を求める。さらに報酬系の問題として，遅延報酬（時間がたってから受けとれる褒美や成果）に反応しにくく即時的な報酬を求める点もゲームに影響されやすい。また，ASDで，社会的能力が低い場合は，現実での対人関係は不安や緊張を伴い負担があり，ゲームの中での人間関係に存在意義を見出す。ゲームに費やす時間が長くなると，生活リズムが乱れ睡眠への影響があるだけでなく，視力障害や頚肩腕症，学力の低下，注意力や記憶力への影響，イライラやうつ状態など様々な問題が起きるとされる。また，不登校と密接に結びつく。ゲーム障害は，起こっている事象そのものだ

けでなく，その背景にある子ども自身の抱える困難さ，影響している特性への気づきが大事である。そのうえで，日常生活の構造化や自己評価の向上を援助する必要がある。

（7）睡眠の問題

　日本は欧米に比べ，子どもの睡眠時間は少なく多くの子どもたちは慢性的な睡眠不足を感じている。発達障害のある子どもは睡眠の調節も未発達であることが多く，小学校低学年では，睡眠の調節がうまくいかないことによる夢中遊行症（いわゆる夢遊病）や，夜驚がみられることがある。また，年長者では，対人関係への負担感や学業成績の問題からゲームやスマホへ没頭し，結果，睡眠時間が短くなり，朝，起きるのが遅くなり学校へ行けなくなる。さらに，孤立し学業成績が低下するという悪循環に陥ることがある。また，睡眠不足は，集中力の低下や，いらいら，衝動性を悪化させると考えられ，発達障害の症状を修飾する可能性がある。このように，発達障害特性と睡眠，ゲームやスマホの問題と不登校は密接に関連していることが多い。

（8）新型コロナウイルス感染症（COVID-19）

　このような広域で起こる感染症は様々なストレスを起こす。感染した場合の身体症状（死ぬことも含めて）や隔離されることへの不安や恐怖はもちろんだが，自分が他人に感染させることの心配，感染防止対策に対するストレス，マスメディアからの過剰な不安をあおる情報，感染したことへのバッシングなどがある。また，ASDの子どもは，その障害特性から，環境の変化，急な変更（休校措置や学校再開後の行事の中止など）に弱い，ルールに厳格で融通が利かない，感覚過敏のためにマスクの着用や手指消毒ができない。ADHDの特性である衝動性や不注意は，感染防止対策を守れず叱責や注意を受ける要因になる。休校中は，学校という枠組みがなくなり，することがないために過度のスマホやゲームへの没頭が少なからず見られた。また，過剰な感染対策（強迫的な手洗い，家にこもる）をする。それを家族に強いる。できていない人を非難，攻撃してしまう。情報を過剰に集めるなども見られた。2020年9月に報告されたWeb上でのアンケート調査（国立障害者リハビリテーションセンター，2020）によ

ると，人と接する時間が減り，学校行事が少なくなり，楽になった人がいる一方で，マスクをしていることで，相手がだれかがわかりにくい，何を言っているかが理解しにくいと感じ不安になった人もいた。また，イライラや睡眠の問題が増えたなどの影響が認められた。学校では，子どもたちがこのようなストレス下にあることを認識し，過度の負担をかけないよう注意するとともに，正確で安心できる情報を，低学年や障害特性を持つ子どもでも理解できるように伝え，現在，行っている感染防止対策が有効であり，役に立っていることを伝えねぎらう。さらには，このような状況で起こってくるこころの反応とその対応法について子どもたちに知らせる必要がある（日本児童青年精神科・診療所連絡協議会，2020）。

3 まとめ

　子どもの抱えるメンタルヘルス上の問題は，心理的問題にとどまらず精神医療を始めとする医学的対応や福祉による援助を必要とする問題が数多く含まれている。心理・社会的ストレスには，いじめや虐待，災害あるいは事故，保護者の精神疾患，家庭や友人関係での問題，家庭の経済状態，地域の状況などが複合的に絡む。子どもからの情報をもとに，保護者への対応，生活環境の調整，医療や福祉の介入などが必要となることがある。特に発達障害がある，あるいは疑われる子どもの場合，専門家に相談するなどし，関係者がまず正しい理解を持つことが重要である。それをもとに，校内で連携し支援体制を確保し，他の機関と連携し，保護者と協力し対応する。同じ診断名であっても，個々の特徴はさまざまで，支援を必要とする部分や対応方法はそれぞれ異なることがある。多くの症例に関わったことのある，医師や心理職による助言は重要である。発達障害のある子どもは，ストレス脆弱性をもち，学校で起こってくるあらゆるメンタルヘルス上の問題の背景に少なからず関与する可能性がある。発達障害に対する正しい知識を持ち，個々の子どもの特性を正確に把握し，子どもの抱える問題にできるだけ早く気付き，適切に対応する。特に医療や福祉的支援を必要とするケースには積極的かつ組織的に対応し，必要に応じて連携を躊躇しないことが重要である。

【引用・参考文献】

国立障害者リハビリテーションセンター 企画・情報部　発達障害情報・支援センター
　　(2020)．【結果報告（速報）】新型コロナウイルス感染症の影響についてのアンケート
　　―当事者の皆さんから寄せられた声―2020年9月4日 発行　2020年9月10日 一部修正，
　　http://www.rehab.go.jp/ddisonly/ 新型コロナウィルス感染症（COVID-19- の関連情報
　　/?action=common_download_main&upload_id=5971　（参照　2021年4月13日）
日本児童青年精神科・診療所連絡協議会（2020）．新型コロナウイルスに対する学校でのメ
　　ンタルヘルス支援パッケージ，https://jascap.info/2020/03/11/ 新型コロナウイルスに対
　　する学校でのメンタルヘ/　（参照　2021年4月13日）
鈴木菜生，岡山亜貴惠ら（2017）．不登校と発達障害：不登校児の背景と転機に関する検討．
　　脳と発達．49, 255-9.
高宮靜男（2011）．シンポジウム：摂食障害と発達障害 摂食障害と併存する精神神経疾患．
　　心身医．No7．Vol51, 629-634.

第5章

児童思春期精神科専門病棟にみる発達障害の子どもたち

海老島　健

1 はじめに

　本章では，児童思春期精神科病棟に勤務する医師の立場から，発達障害（中等度から重度の知的障害を併存する児を除く）をベースにもちながら，様々な精神科的問題のため入院に至った典型的なケースを紹介する。同時に，入院の適否の判断材料，入院を回避するために読者のみなさんにとっていただきたい早期対応について述べる。なお当然のこととして，いずれのケースに対しても外来と入院を問わず，発達障害の特性に応じた様々な心理社会的治療と薬物療法を並行して行なっている。

2 入院治療の対象と目的

　発達障害をもつ子どもたちは，日々の生活の中で様々な生きにくさやつまずきを経験している。それらの積み重ねが彼らのこころを徐々にむしばみ，様々な併存疾患や問題行動を引き起こす。結果として，子どもたちと家族・学校・地域の人々との間に強い葛藤やトラブルが生じ，彼らの居場所が奪われてしまう。このような場合に入院治療を余儀なくされることが多い。

　従って，入院治療の対象は発達障害の障害特性そのものではなく，様々な併存疾患や問題行動，家族関係などとなることが多い。そして，入院治療の目的は，病状の評価と改善，生活の立て直し，親子の分離，家族機能の評価と養育環境の整備，そして家庭・学校・地域での居場所の確保，他機関との連携の構築，などである。

3 併存する精神疾患の増悪により入院治療に至るケース

（1）強迫性障害（OCD）

　当院に入院する発達障害の子どもたちによくみられる併存疾患の一つが「強迫スペクトラム障害」である。中でも小学校高学年から高校生の男児に強迫性障害（OCD）（チック関連を含む）がしばしば認められる。

　OCDは，不合理な考えやイメージが繰り返し頭に浮かぶ強迫観念と，それを振り払うために繰り返してしまう強迫行動からなる疾患である。こだわりが強い自閉スペクトラム症（ASD）の子どもにOCDが併発した場合，ASDの常同行動や儀式的行動とOCDの強迫症状を明確に区別することは難しいことが多いが，ASDを持たない成人の強迫症状は，強迫観念のみで強迫行動がない場合や，洗浄，確認，数かぞえなどに関するものが多いのに対し，ASDをもつ成人では，順序，ため込み，質問癖，触る，叩く，自傷などであることが多いとの報告がある（McDougle, 1995）。

　これらの強迫症状が増悪し，強迫観念や強迫行動に時間を取られ日常生活が立ち行かなくなったり，以下に示す巻き込み症状のため家族が疲弊したり，症状に圧倒され抑うつ的となり自傷他害に至ったりすると，入院治療を余儀なくされることが多い。入院治療には心理教育と認知行動療法（主に暴露反応妨害法），薬物療法が併用されることが多い。

　入院を回避するために読者のみなさんに留意いただきたいのは，可能な限り「巻き込み症状」に応じないことである。巻き込み症状とは，他者に大丈夫という保証を求めたり，儀式的行為を強要したり，自らが作ったルールを強制したりすることである。子どもたちが安心を得るために行う巻き込み症状は，徐々に拡大・厳格化する傾向にある。周囲が疲弊して要求に応えられなくなると，子どもの不安や怒りを増幅させ，社会や家庭での治療を難しくする要因となる。子どもたちを楽にさせてあげたい一心で巻き込み症状に応じ続けていると，子どもたちを家庭から分離せざるを得ない状況に陥ってしまうことがあるため，是非巻き込み症状を意識して彼らに接していただきたい。

（2）摂食障害（ED）

　一方，発達障害の女児に多くみられる併存疾患が「摂食障害（ED）」である。

　和田は，ED患者の10〜20％に広汎性発達障害（ASDにほぼ同義）が併存すると報告している（和田，2010）。近年，EDの発症は低年齢化しており，小学校低学年の子どもが入院となることもある。両者の間には，神経心理学的研究から，実行機能（とりわけセット転換（set shifting）：認知的柔軟性）の障害，中枢性統合（central coherence）の障害，社会性・共感性の障害，と３つの領域における共通点が指摘されている。セット転換の障害とは，あることから次のことへ切り替えることの難しさ，中枢性統合とは，細部にこだわり全体を把握することの難しさのことである。両者の合併例では，やせ願望や肥満恐怖の文脈で理解できない食事へのこだわりや，食行動以外の領域のこだわりがみられることが多い。また，拒食が目立ち過食が少ない傾向にある。

　入院治療に関しては，極度のるい瘦をきたしている場合や体重の減少速度が極端に早い場合などに，身体的状況と摂食行動の状況を総合的に評価しその適否を判断する。入院治療では，栄養療法，行動療法や心理教育を中心とした精神療法を併用する。

　摂食障害の子どもたちが入院を回避するために最も重要なことは，早期発見・早期介入である。先に述べた認知機能障害が病期により変化するのか，はたまた回復期にも残存するのか，研究結果は様々ではあるが，筆者の経験ではるい瘦の著しい急性期患者では明らかに機能障害が顕著となる印象があり，介入が早ければ早いほど外来治療に反応する可能性が高まるように感じている。子どもの「やせ」や身体発育の停滞に気付いたら，『摂食障害情報ポータルサイト』を参照されたい。

4　家庭内暴力や自傷，ゲームへの没頭，盗みなどの問題行動により入院となるケース

　前思春期から思春期の発達障害の子どもたちが入院治療に至る最も多い理由がこれらの問題行動である。彼らは，家庭外での不適応からひきこもり，家庭

内で暴力や自傷，ゲームへの没頭，盗みなどの問題行動に至る。中でも暴力が圧倒的に多い。うつ病や不安障害，反抗挑戦性障害，素行障害，インターネットゲーム障害などの併存診断がなされることも多いが，入院の適否は診断によらず問題行動や家族の疲弊の程度により判断されるのが実情である。

　これらの問題行動を，発達課題の到達度の視点から考察することはとても重要である。思春期の子どもたちの発達課題は，分離個体化，即ち母子分離と自己同一性の確立である。子どもたちは前思春期（10歳〜14歳）になると，趣味や嗜好の合う同性・同年齢の仲間と小集団を作るようになる。母子関係に加え仲間関係をもつようになると，仲間＝他者との葛藤から集団へ不適応を起こし挫折感をもつようになる。それはしばしば"10歳の壁"と呼ばれる。この壁を乗り越え自己を確立するための支えが，親密な仲間の存在と社会活動での達成感や，成功体験のもたらす自信，自己肯定感などである。

　発達障害の子どもたちは，その障害特性故にこれらの達成感や成功体験を得ることが難しく，挫折して現実逃避しひきこもり状態に陥りやすい。彼らは，母親の保護的姿勢に対し猛烈に反発する一方で，心理的母親離れが進まないばかりか退行し，依存感情を増大させる。例えば，母に「中学生なんだからこのくらい自分でやりなさい」と言われると「うざい，死ね」と暴言を浴びせかけモノを壊す。そうかと思うと直ぐに「一緒に寝よう」と甘え胸を触りたがる。母親たちはわが子の了解不能な態度に面して困惑し不快を感じ，子どもたちに感情的に接するようになる。そして母子関係は相互不信の悪循環に陥っていく。

　他方，ADHDをもつ人たちは依存症に陥りやすい。依存症の人たちの特徴として，「刺激希求性（新しいことやスリルのあることを求める傾向）」が知られているが，発達障害の子どもたちにもしばしばこの特性が見いだされる。彼らは暇が苦手で，ひきこもり時間をもて余し，刺激の強いゲームに熱中し，新たな刺激を求めて買い物に走ったりする。また，彼らは親密な対人関係を強く希求していることが多い。そのため，オンラインゲームやSNSの世界に没頭し，そこで得た仲間との関係を維持することに夢中になる。発達障害の子どもと母親の相互不信が強まると，こういった行動特徴を背景に生活リズムや金銭をめぐる諍いが頻発し，暴力，自傷，盗みなどの問題行動に発展していく。

　こういった経過で初回の入院となるケースの多くは，嫌なこと，辛いことか

らの回避を伴い，本人に治療の意志がない。筆者は，そんな彼らに真の意味での治療の動機づけをすることが治療上最も難しいと感じている（表面的な動機づけ＝「退院したい」からがんばる子どもは多い）。当然のことながら，入院直後からいきなり「暴力」などの問題行動を対象に治療を始めても肩透かしを食らってしまうのがおちである。

　そこで頼りになるのが，最も近くで子どもたちを支えてくれる"担当看護師＝代理の親"や，一緒に入院している"同世代の子どもたち＝仲間"の存在である。子どもたちと彼らの関係がうまく機能すれば，自己不全感に満ち重苦しかった家庭生活は一転して前向きな生活となり，入院早期より自ずと治療意欲がみられるようになる。

　ところで，子どもたちの入院生活は月単位に及ぶことが多い。我々大人にとっては一瞬であっても，思春期の彼らにとっては非常に長い期間である。長い入院生活の間，病院という閉鎖的な社会の中で密接に関わる看護師，他児と子どもとの間には，入院前の生活でみられていた家族，仲間との関係性が再現されることが多い。その結果，入院当初うまく病棟に適応できなかった子どもたちは様々な問題行動を引き起こす。

　入院治療であれば，治療者の眼前で起きた問題を課題として面接のテーマに取り上げ，子ども自身の頭で考えさせ，自己の言動を見つめなおさせることができる。面接を繰り返すことによって，当事者同士の関係性はゆっくり改善していく。障害特性や自己防衛の強さにより個人差は大きいが，とりわけ同世代集団とのかかわりがうまくいくようになると，その子どもの健康的な面が大きく成長し，発達課題の達成に向け治療の動機づけが獲得されやすくなるように思う。様々な治療技法以上に仲間の力は大きいと感じている。

　一方で，家族と物理的に離れることで，悪循環に陥っていた母子関係が修復されやすくなることも，入院治療の大きなメリットである。

　彼らが入院を回避できるように，その子どもに前述の「支え」（下線部）があるのかどうか，読者のみなさんには慎重に把握していただきたい。「支え」のない環境の中で仕方なく耐えている子どもを見つけたら，問題は起きていなくとも座視せず，環境調整を検討すべきである。その際，発達障害の特性への理解が不可欠である。

5 保護者の養育能力の低さが問題の根底に隠れているケース

　たくさんの入院ケースの中に，子どもたちの問題以上に養育者側の問題が大きいと思われるケースは意外と多い。

　発達障害の子どもは養育が難しく，保護者からの虐待を受けるリスクが高いことが指摘されている。発達障害そのものも，虐待の後遺症として生じ発達障害に類似した臨床像を示す愛着障害も，ともに世代を超えるため，入院してくる子どもたちの保護者も精神科的な問題を抱えていることが多い。例えば，共感性に乏しくこだわりの強い保護者が，子どもの意図に反して過干渉かつハイエモーショナルに接し続ければ，子どもたちは家庭内で疲弊し社会に出ていくエネルギーを失うだろう。マイペースで時間感覚に乏しい保護者が，子どもの登校時間になっても寝ていて朝食の支度をしていなければ，子どもたちは学校に遅刻したり活動に集中できなかったりして不適応を起こしやすくなるだろう。

　読者のみなさんも養育者側の問題に気づいたときには，子ども家庭支援センターや児童相談所などの福祉関連機関と連携を図り，定期的に家庭訪問して養育相談をしてもらったり，ヘルパーや訪問看護，ショートステイなどの社会資源を導入したりすべきである。

6 まとめ

　我々のように病院に勤務する医師は，受診してくる子どもたちの生活場面を直接観察することができず，入院に至るまで診察室という限られた場面での彼らしか知らない。日常生活の様子は主に家族からの情報をもとに把握することになる。受診理由は保護者から，子どもたち自身の問題や家庭外の関係者との出来事などの文脈の中で語られることが多い。子どもたちと日々接している読者のみなさんは，我々以上に問題の全体像を知り得る機会を有しているはずである。とりわけ家庭内の問題に関してお気づきの点があったならば，入院を回避し家庭・地域での子どもの生活を保障するために，是非とも先述の相談機関や我々医療機関に情報を提供くださるようお願いしたい。

【引用・参考文献】

McDougle, C, J., et al. (1995). A case-controlled of repetitive thoughts and behavior in adults with autistic disorder and obsessive-compulsive disorder. Am J Psychiatry, 152(5), 772–777.

和田良久（2010）発達障害を合併する摂食障害．精神神経学雑誌．112(8), 750–757.

摂食障害情報ポータルサイト：http://www.edportal.jp/sp/material_01.html

第6章

発達障害のある子の
不安のアセスメントと介入方法

岡　琢哉

1　はじめに

　不安は発達障害のある子どもが抱えるメンタルヘルスの問題のうち，特に頻度の高いものであり，診断がつく自閉スペクトラム症（ASD）の子どものおよそ40%が不安症を併存することが知られている。不安症の診断に至らないレベルの不安であっても，後の社会的損失につながる可能性が縦断研究で示唆されており，不安を含む軽微なメンタルヘルスの問題に関して専門家以外が目を向け，サポートできる体制作りが必要とされている。不安の問題を抱えやすい発達障害のある子どもたちと関わる上で不安に対する適切な理解と対処法を知ることは，後の精神疾患のリスクを低減させ，交流や社会参加を促すことに繋がるといえる。本稿では発達障害のある子どもの不安に気づくためのアセスメントのポイントを述べ，実際の介入方法としてASDの子どもの不安に対する集団認知行動療法（CBT）を紹介する。

2　発達障害のある子どもの不安のアセスメント

　発達障害のある子どもの不安の訴えは，低年齢の頃から始まり，慢性化しやすい。気づかれない不安症状が自然に回復することは難しく，長期間に渡って子どもの生活の質を下げることにつながる。さらに発達障害のある子どもの不安症状はことばや表情などで表現されることが少なく，周囲から理解されないまま過ごしていることが多い。一般に児童の不安症状は身体化や行動化の形を取りやすいことが知られているが，ASDや注意欠如多動症のある子どもの場合は，表現の方法が独特であったり，衝動性が強く激しい表出をしたりすること

で周囲からは問題行動と捉えられることが少なくない。このような発達障害特有のコミュニケーションや認知面の問題を加味した上で子どもたちから発せられる不安の問題を適切にアセスメントすることが重要である。Vasa (2016) らがプライマリケアの専門家向けに作成したASDの子どもの不安の評価に関するレビューを基に，不安のアセスメントに必要なポイントを以下に示す。

（1）複数の情報源からの多角的な情報収集

発達障害のある子どもが自ら不安を直接訴えることは少ない。不安を誘発する特定の刺激や文脈に対する反応として，行動の停止，人やものへのしがみつき，かんしゃく，攻撃的な言動，反復的な行動や発声の増加，などが見られた場合に「不安の存在」を疑う必要がある。こういった行動面の評価は，学校や家庭のあらゆる場面からの情報が必要である。また，本人が不安の問題について認識している場合には，Spence Children's Anxiety Scale (SCAS) やMultidimensional Anxiety Scale for Children (MASC) が自己評価質問紙として日本語で標準化されており，これらを用いて一つひとつの項目を具体的に尋ねることも有用である。

（2）不安の特定と発達障害特性の評価

米国精神医学会の診断基準であるDSM-5において不安症群は，限局性恐怖症，分離不安症，社交不安症，パニック症，広場恐怖症，全般性不安症として不安の対象や表現形に応じたカテゴリ分けがなされている（表6-1）。発達障害のある子どもが持つ不安に関してもDSM-5のカテゴリ分類に応じて不安の対象や表現形を特定することで，起きている問題や状況を整理することに役立つ。ただし，ASDの感覚過敏と関連した不安はこれらのカテゴリでは拾いきれない可能性があるため，聴覚や嗅覚など周囲が気づきにくい感覚の問題についてはこの分類とは別に評価する必要がある。また，何らかの発達障害の診断がついている子どもであれば元々の特性が不安の生じる状況でどのように変化しているか，あるいは特性と不安がどのように関連しているかを評価することが重要である。反対に不安の問題が明らかになってから発達障害の特性が明らかになった子どもであれば，不安が改善した状態で改めて特性について評価する必要が

表6-1　不安症の下位分類(岡ら, 2019を改変)

下位分類	不安対象	症状
限局性恐怖症	様々な動物・昆虫（犬やクモなど）や状況（高所・暗所）	かんしゃくや泣き, 回避
分離不安症	一人で家にいること, 親と離れて登校することなど	悪夢や不眠, 保護者について回る
社交不安症	他者に嘲笑される可能性のある状況, 初対面の相手のいる場面, 他者がいる際の食事, など	学校や社交場面での緊張感, 回避
全般不安症	学業, 外見, 将来の過度な成功への不安, 失敗に対する恐れ	筋緊張, 易疲労感, 落ち着きなさ
パニック症	予期せぬパニック発作（動悸・胸痛・息切れ）と発作への予期不安	動悸・嘔気, 回避
広場恐怖症	「逃げ場のない場所（電車・飛行機・閉鎖空間など）」に対する恐怖	動悸・嘔気, 回避

ある。

(3) 不安を増強させる身体的な問題の評価

　発達障害では身体的な問題も併存しやすく, 睡眠障害や胃腸障害などは不安の原因となることや不安と関連して増悪することもある。胃腸障害などの身体的状態が著しく悪い場合にはまずは医療機関での身体診察と治療が行われることが望ましい。また, てんかんの複雑部分発作では恐怖や過敏性といった不安とよく似た兆候が認められる場合もあるため, てんかんの既往がある場合にも医療機関での評価が検討される。

(4) 不安を増強させる心理社会的ストレス要因（周囲の環境や支援）の評価

　発達障害のある子ども, 特にASDの子どもの場合は同一性の保持や予見できるルーチンを好むため, 急に起きる予定変更や環境の変化が不安を惹起することが非常に多い。こういった変化には「机の位置が変わった」程度の些細な変化から「転校や家庭環境の変化」といった大きな変化まで含まれる。また, 子どもに必要な支援や教育環境がマッチしていない場合にも不安が生じる場合があ

る。例えば，本人が課題を遂行するのに必要な支援が整っていない場合や自分の能力に見合った以上の評価が求められている場合にも不安が生じやすい。

（5）不安の重症度評価

　上記の情報を集めた上で，不安の重症度つまり不安に関連した生活上の困難さを評価する。これは生活上の困難さが，ある特定の場面に限っているのか，それとも複数の場面で生じるのかといった視点や学校や家庭での活動全体に及ぼす影響といった視点が必要である。これらを評価することで，現在生じている問題に不安がどのように寄与しているのかがわかり，複数の不安がある場合には介入の優先順位を決めることができる。

3 発達障害のある子どもの不安への介入方法

　ASDの子どもの不安症状に対しても定型発達の児童と同様にCBTの有効性が示されている。野中ら（2017）は不安軽減予防を目的として作成された，8歳〜12歳のASDの特性を持つ子どもたちを対象とした集団CBT「フレンズ教室」の実施可能性を検討した。同プログラムは学校の通級指導教室でも実践が可能となるよう1セッション60分で実施され，10回を1クールとして行われる。10回のプログラム内容を表6-2に示す。各セッションを保護者も見学し，家庭で実施するために配布されるホームワークの支援を行うこともプログラムの枠組みとして設定されている。保護者を含むプログラム実施は，プログラム内容の理解と日常生活での汎化を促す利点がある。各セッションでは図6-1のように当日の内容を示し，「ホームワークの確認」，「復習とルールの確認」，「新しい内容」，「当日の内容理解を深めるためのゲーム」という流れが各セッションで共通して行われる。セッションの進め方を統一し，毎回内容を提示することは「見通しが立ちにくい」ASDの子どもたちが安心してプログラムを継続するために有用である。以下に主なプログラム内容を特性に合わせた配慮の方法も含めて説明する。

表6-2　プログラムの内容（野中ら，2017より）

	構成要素	プログラム名
1	オリエンテーションと心理教育	きもちのことを知ろう！
2	認知再構成法①	かんがえをとりだそう！
3	認知再構成法②	おじゃま虫をつかまえよう！
4	認知再構成法③	おじゃま虫とお助けマンを知ろう！
5	エクスポージャーへの心理教育	ふあんのしくみを知ろう！
6	リラクセーション	リラックス方法を知ろう！
7	社会的スキル訓練①	きもちのよいあいづちの仕方
8	社会的スキル訓練②	あたたかい言葉をかけよう！
9	社会的スキル訓練③	きもちのよいことわり方
10	まとめ	プログラムのおさらい

（1）不安が生じる際の身体変化

　不安は心理的に「対象を持たず曖昧で不快なもの」として感じられるが，同時に生理的な変化が身体に生じる。ASDの子どもたちが曖昧な不安を言語的に理解することは困難であるため，まずは生理的に生じる身体変化を手がかりにすることが理解に役立つ。不安と身体変化の心理教育に用いるイラストを図6-2に

> 今日の予定
> 　１、始まりのあいさつ
> 　２、ホームワークのチェック
> 　３、前回の復しゅう
> 　４、フレンド教室のルール
> 　５、おじゃま虫とおたすけマンを知ろう！
> 　６、おたすけマンゲーム
> 　７、あなたのおたすけマンをさがそう！
> 　８、ふりかえり

図6-1　各セッションで掲示される当日のプログラム内容（表記は第4回の例）

示す。実際のセッションでは子どもの言語能力や不安の程度に応じて，空欄について自由回答もしくは回答例を示し，不安が惹起された時に自分の身体に生じる変化を共有する。

（2）認知再構成法による不安が生じる場面の可視化

　不安を軽減するためには，まずその対象と場面を明確にすることが必要となる。CBTでは認知再構成法が用いられ，これをASDの子どもたちに伝える際には具体的に可視化することが重要である。理解を促すために図6-3のように，状況，自動思考，気分をそれぞれ「できごと」「かんがえ」「きもち」の枠に分類して記入する。この方法は全てのセッションを通して反復練習が行われるため，初回には理解できなかった児童も，繰り返し実践することで理解につながる。また，偏った認知を「おじゃま虫」，適応的な認知を「お助けマン」という蝶をモチーフにしたイラストでそれぞれ外在化し（図6-4），紹介する。これによって「頭の中の困った虫を蝶に羽化させる」というイメージを作り，認知再構成法を用いた認知の修正の理解を助ける。

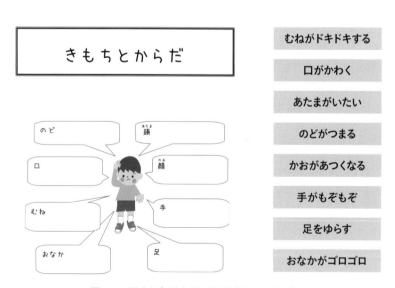

図6-2　不安と身体変化の関連（右は回答例）

（3）エクスポージャーの心理教育

　不安な場面を回避することで一時的に不安は小さくなるが，回避を続けることでその場面に対する不安は徐々に増大してしまう。その一方で，不安な場面に直面するとその時点での不安は大きくなるが，次第に不安は小さくなる。こ

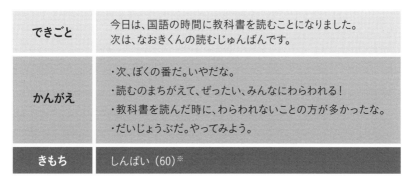

できごと	今日は、国語の時間に教科書を読むことになりました。 次は、なおきくんの読むじゅんばんです。
かんがえ	・次、ぼくの番だ。いやだな。 ・読むのまちがえて、ぜったい、みんなにわらわれる！ ・教科書を読んだ時に、わらわれないことの方が多かったな。 ・だいじょうぶだ。やってみよう。
きもち	しんぱい（60）※

※「きもち」の大きさを0-100の数値で表したもの。

図6-3　認知再構成法の例

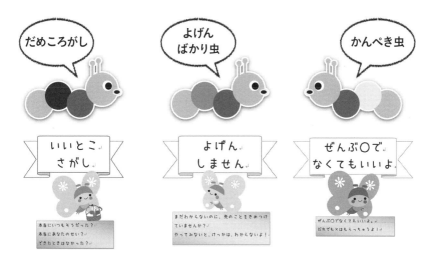

図6-4　偏った認知・適応的な認知の例
（左から過度の一般化，自ら実現する予言，完全主義にあたる）

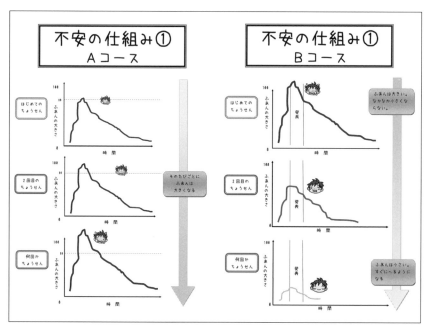

図6-5　不安の心理教育と馴化のプロセス

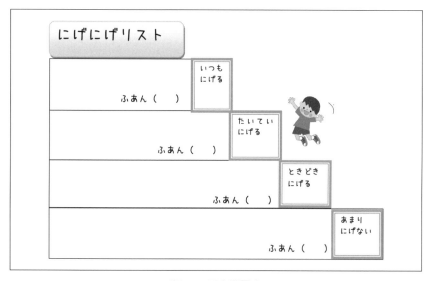

図6-6　不安階層表

のような不安の心理教育と馴化のプロセス（図6-5），実際に不安を低減させる方法として不安階層表（図6-6）の作成方法を伝える。また，本プログラム全体において「発表すること」や「他児との交流」といった社交不安に対する暴露環境が含まれており，継続してプログラムに参加することで不安軽減のプロセスが体験される。実際に野中ら（2017）の報告においても「友達の中に入れるようになった」という児童の主観的なコメントや保護者や教員から見た行動面の変化（確認行為の減少，自発的な発言の増加など）が認められている。

4 発達障害のある子どもの不安を支援するために

　発達障害のある子どもの不安の訴えを評価するためには多くの視点と情報が必要となる。詳細な情報と多角的な視野が支援には不可欠であるが，これを実現するためには家庭や学校で関わる大人が不安に対する共通理解を持つことが重要である。今回紹介した集団CBTは支援者と保護者，そして発達障害のある子どもたちが不安の共通理解を深めるための1つの方法であり，本章を通してその概要を知ることで共に不安を乗り越えていくための第一歩となれば幸いである。

【引用・参考文献】

岡 琢哉・神尾 陽子（2019）．不安症．小児内科．51巻12号，1932–1936.

野中俊介・岡島純子・三宅篤子・小原由香・荻野和雄・原口英之・山口穂菜美・石飛信・高橋秀俊・石川信一・神尾陽子（2017）自閉スペクトラム症児童の不安に対する集団認知行動 療法プログラムの開発：実施可能性に関する予備的検討．児童青年精神医学とその近接領域．58（2），261–277.

Vasa, R. A., Mazurek, M. O., Mahajan, R., Bennett, A. E., Bernal, M. P., Nozzolillo, A. A., ... & Coury, D. L. (2016). Assessment and treatment of anxiety in youth with autism spectrum disorders. Pediatrics, 137(Supplement 2), S115-S123.

第7章

学校における
思春期メンタルヘルス対策
――ポピュレーションアプローチの意義

全　有耳

1 学校保健活動における児童の心の健康課題への対応
――現状と課題

　心の不調を主訴に保健室を利用する児童の割合は，身体面の不調を上回るという実態がある。発達障害，養育環境と愛着形成の問題，災害等の外傷体験に対するケアの必要性など，現代の子どもの心の健康課題は社会環境の変化ともあいまって複雑化，重複化している。児童の生活の中心となる学校での対応の重要性が増しているが，多様化するニーズに学校のみで対応するには限界が生じている。このような現状の中，地域の専門機関は児童の心の健康課題にいかにして関与していけるかを模索していく必要がある。

2 予防医学におけるハイリスクアプローチとポピュレーションアプローチ

　予防医学におけるハイリスクアプローチとは，ある病気に罹りやすい個人を対象として予防的介入を行うことであり，生活習慣病で例えると，体重や血圧値からよりリスクの高い個人に対して保健指導を行う場合等があてはまる。一方，ポピュレーションアプローチとは，リスクを持った人を含む集団全体に対して介入をすることにより疾病の罹患率を低減させるものであり，地域住民を対象に，より良い食事や運動習慣が身につくための啓発やイベント等を行う場合があてはまる。ここで生じる疑問は，「疾病予防対策を講じるには，どちらをターゲットとした方が，より効率的に効果的な結果が得られるのか」であろう。これについては次のようなことが明らかにされている。すなわち「個人が有するリスクは小さくても母集団が大きい場合には，その集団から発生する患者数

は，個人が有するリスクは大きいけれども小さな集団から発生する患者数より多い」（これは「予防医学のパラドックス」と呼ばれる）のである。一方，この理由からどちらかのみを対象にするという考えは誤りであり，より多くの人が少しでもリスクを軽減できること（ポピュレーションアプローチ）と，よりリスクをもった人に対するハイリスクアプローチがバランスよく行われることが疾病予防対策上重要であるとされている。

　児童のメンタルヘルス対策を考える上でもこのような考え方が重要であるといえるが，現在行われている対策の中心は，専門家によるアウトリーチ型の巡回相談や，スクールカウンセラーによる個別対応などであり，ポピュレーションアプローチによる介入は不十分な現状にある。

　本稿では，公衆衛生を担う保健所をはじめ，子どもの心身の健康問題にかかわる地域機関と，学校との協働により事業化に至ったポピュレーションアプローチによる思春期メンタルヘルス対策事業について紹介し，今後の学校におけるメンタルヘルス対策の方向性について考察したい。

3　学校における思春期メンタルヘルス対策事業の紹介

　本事業（名称：思春期メンタルヘルス対策事業）の概要を紹介する。詳細については他稿を参照されたい（全，2018）。まず，なぜこのような事業に着手することになったかについてであるが，保健行政による幼児期の発達障害児地域支援体制整備事業に端を発している。著者の勤務していた保健所管内では，幼児期の発達障害児の支援体制強化の取り組みとして，5歳児健診を導入した。5歳児健診は，集団生活の中で明らかになる対人関係や行動面の課題に対する早期介入の機会となり，その後の特別支援教育へのスムーズな移行が可能となる。事業成果には，個人に対する支援機会の広がりと充実が挙げられるが，加えて地域の関係機関に大きな成果がもたらされた。すなわち，保健，医療，教育，福祉の関係者の顔の見える関係と協働体制の構築である。5歳児健診事業を創りあげる過程の中で，「支援の必要な子どもと保護者に対して，自身の機関が果たせる役割は何か」について，それぞれの機関が従来の業務の枠を超えて検討し相互理解できたことは，「子どもの健やかな成長・発達のために，持てる力を出

し合って地域づくりを推進していこう」という気運へと導いた。このような中で，教育関係者から出された課題が，「思春期に差しかかる高学年児童への支援の難しさ」であった。5歳児健診の導入により低学年時の早期支援がスムーズに行えるようになった一方で，高学年になると支援歴のある児童の変化（不登校，素行の問題，対人不安の増大等）に加え，支援歴のない児童の困り感の顕在化など，アセスメントに際して専門家の助言が必要なケースが増加するというものであった。この問題に対し，地域機関が協働して対策を講じていくことについて異論は出されなかった。幼児期の発達支援システム構築の際に培われた多機関・多職種によるネットワークは，子どもの発達や心の健康課題を地域全体で検討する機会へと発展することになったのである。今回の経験により，子どもの発達や心の健康課題に対する支援体制を構築するにあたって，その地域に専門機関がどれくらいあるかではなく，それぞれの機関の有する専門性が最大限に発揮されるよういかに協働できるかが大きな鍵となることを実感した。

　次に，思春期メンタルヘルス対策事業の紹介であるが，その目的は，「心身共に不安定になりやすい思春期の子どものサイン（困り感）を早期にキャッチし，予防的な手立てを講じること」にある。事業の流れ及び内容を抜粋して紹介する。

(1) 健康調査票への記入（児童と保護者が回答）

　健康調査票は，子どもの強さと困難さアンケート（Strengths and difficulties Questionnaire: SDQ，以下「SDQ」）（参照：SDQサイト）25問と，心身の健康面に関する質問10問を用いて，児童と保護者に回答を求める。SDQは情緒や行動の問題を簡便にスクリーニングできる質問紙で，現在40以上の言語に翻訳され，臨床および研究分野で広く活用されている。質問項目は計25項目で，5つの下位領域（行為問題，多動・不注意，情緒面，仲間関係，向社会性）から成る。本事業でSDQを使用した理由は，11歳以上であれば児童が回答可能であること（子どもからの発信に重きをおく），担任が子どもの行動や発達の特性を理解する上で，SDQの下位領域別に設定された設問内容がわかりやすいこと，さらに日本人の標準値があり客観的に程度を評価しやすいことにあった。児童の調査票への回答から明らかになったことは，この年代では児童自身の自己の

とらえを把握することが支援を考える上で非常に有用であるという点である。また，日常の行動からは気づけない児童の内面をとらえることができるという点においても，児童理解に非常に有用であるとの感想が教員から挙げられている。

（2）カンファレンス

　調査票から検討が必要な児童をスクリーニングした上で（およそ3割が該当する）カンファレンスを行うことで効率性を高めることが可能となる。カンファレンスは2段階（学校教職員で行う一次カンファレンスと，地域機関が参加して行う二次カンファレンス）で構成し，二次カンファレンスでは，地域機関の専門職が加わり，専門的見地からの見立てを基に個々の支援方針について検討する。二次カンファレンスに参加する地域機関と職種は，市教育委員会及び学校（特別支援コーディネーター，教育相談室教諭及び臨床心理士，通級指導教室教諭，事務担当職員），支援学校（地域支援コーディネーター），保健所職員（保健師，臨床心理士，精神保健福祉士，小児科医師），公立病院リハビリテーション科スタッフ（作業療法士，言語聴覚士），市児童福祉担当課（相談員），児童相談所（心理判定員，児童福祉士），警察（少年サポートセンター）等であり，その多くが幼児期の発達障害児支援に関わってきた地域機関の専門職である。

　最終的に，全児童について判定を行い（判定区分は，現在困り感を認めない「支援不要」，何らかの困り感があり，学校生活の中での支援を継続する「学校生活で支援」，身体症状，行動及び対人関係の問題等に対し個別的，専門的な事後支援の機会が望まれる「要支援」，およびすでに専門機関での支援をうけている「管理中」），結果は保護者に通知する。

（3）事後支援

　事後支援が必要な児童には学校が保護者面談を行い，保護者の意思を確認した上で事後の支援を行うことになる。事後支援メニューのほとんどは，既存の学校教育や地域の資源であり，心理検査，通級指導教室，スクールカウンセリング，医療受診，地域の福祉施設が行う社会性スキルの獲得のための小集団活動などがある。

以上，本事業の概要を紹介したが，事業実績でみると軽微な問題（学校生活で支援判定）から専門的な個別支援が必要（要支援判定）な児童を含め，約25%が何らかの配慮や支援が必要と判定されている。判定の根拠となった児童の困り感は，学習面，多動・衝動性，注意力の問題，対人関係，ソーシャルスキルの課題，素行の問題，身体面の訴え，不安，登校しぶり，生活習慣の乱れ，親子関係・養育環境の問題等多岐に及び，複数の問題を併せ持つ児童も少なくない。また，支援が必要な児童ほど「体がだるいし元気がでない」，「悲しいつらいと感じる」，「好きなことでも楽しめない」，「理由もなくイライラすることがある」と回答した割合が有意に高く，メンタルヘルスに関連する不調を有していることが明らかとなった。本事業では問題の顕在化の有無に関わらず，ニーズを有する多数の児童に対して早期介入が可能となる。これこそがポピュレーションアプローチによる意義であり，今後の児童のメンタルヘルス対策のモデルの一つになる可能性がある。

　このようなポピュレーションアプローチによる学校におけるメンタルヘルス対策が実現できた最大のポイントは，「学校教育と地域機関の協働」にある（図

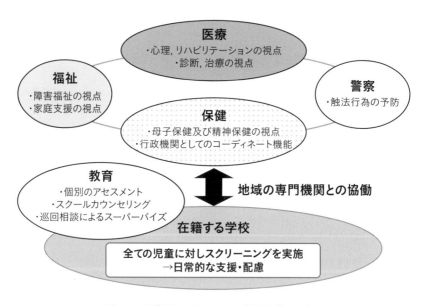

図7-1　思春期メンタルヘルス対策事業のしくみ

7-1）。事業計画段階からの地域機関の参画に加え，二次カンファレンスの場に保健，福祉，教育，医療機関等の専門職が学校支援チームとして協力することは，教員のアセスメントスキル及び支援スキルの向上，さらにはメンタルヘルスリテラシーの向上につながっている。地域により専門機関の種類や量が異なることが想定されるが，それぞれの地域に資源として存在する多機関・多職種が協働することにより得られるパワーの大きさを知っていただきたい。他地域からは「なぜこのようなシステム化が可能となったか」と質問される。答えは実務者同志の連携に加え，「組織としての理解がある」ことである。すなわち，機関の長が事業意義を十分に認識し業務として承認することによって，担当職員が実務レベルの業務を遂行することが可能となる。そのために担当職員は，地域の課題解決に向けて自身の機関が果たせる役割について，組織全体に対し共通理解を促す働きかけを行うことが必要である。

　子どもの心の健康課題に関与できる専門機関が，ニーズのある個人への対応に加えて，公衆衛生の視点をもって学校保健に関わっていくことによる児童のメンタルヘルス対策の広がりが本事業により確認された。

　思春期メンタルヘルス対策事業の意義のまとめを示す。

・調査票を活用することで，客観的に児童の有する行動や発達の特性および困り感を評価することが可能となる。その際，児童自身の回答が自己のとらえや潜在する困り感の把握に有用であり，予防的介入（環境調整）が可能となる。
・教師の支援力及びメンタルヘルスリテラシーの向上。
・学校と地域の関係機関との連携体制の推進。
・全ての児童に対する早期介入の機会の確保（ポピュレーションアプローチ）。

---

4 児童に対するメンタルヘルス対策 —— 今後の展望

　本稿では，学校におけるメンタルヘルス対策として，ポピュレーションアプローチによる事業を紹介した。先にも述べたが，対策を講じる際にハイリスクアプローチとポピュレーションアプローチがバランス良くあることが重要であ

る。一方，既存の対策はハイリスクアプローチが中心であり。今後は全ての児童を対象とした対策の強化により，学校におけるメンタルヘルス対策の充実が期待できる（図7-2）。現在，学校保健安全法に基づいて行われている学校健診では，身体疾患の関する項目が中心である。今後は心の健康状態を把握し早期介入ができる機会の充実が求められるが，今回紹介した事業内容はその一つのモデルとなる可能性がある。ポピュレーションアプローチによる対策は，全児童を対象とする点において，実施の際に必要となるマンパワーや業務量の増大が懸念されることが多い。しかし導入の際に必要となるエネルギーが大きい一方で，得られる効果はそれ以上に大きいことも知っておいていただきたい。

　また，本事業以外にもポピュレーションアプローチによる方策は様々あり，例として，担任教師による認知行動療法に基づいた健康支援プログラムの有用性が報告されている（石川，2018）。学校及び地域の実態に応じた方策は，地域の専門家及び専門機関のバックアップにより実現可能となる。学校と地域機関の協働こそがポピュレーションアプローチを進める上での鍵といえる。

　子どもが長時間を過ごす学校をプラットホームとした今後の対策の充実に期待したい。

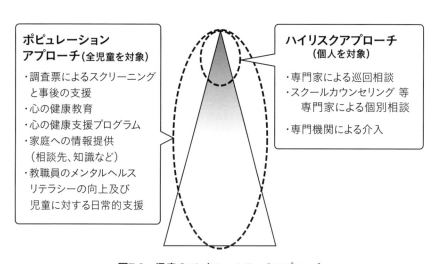

図7-2　児童のメンタルヘルスへのアプローチ

【引用・参考文献】

石川信一（2018）通常学級に在籍する発達障がい（疑いも含む）のある児童生徒の健康課題に対応する担任教師による健康支援プログラムの開発と社会実装の取り組み．発達障害研究．40（4），317–324.

SDQ 子どもの強さと困難さアンケート https://ddclinic.jp/SDQ/index.html

全有耳（2018）地域機関との連携による学校における思春期メンタルヘルス対策．発達障害研究．40（4），299-304.

第8章

地域における多職種連携の視点からの包括的支援

大石幸二

1 はじめに

　地域における包括的支援[1]は，メンタルヘルスケア体制を築く必要条件となる。「幼少期の環境が健康に及ぼす影響は，長期的・持続的であり，成人してからの政策介入によっては，十分軽減されない」と，藤原・小塩（2015）は指摘している。そして，《栄養》《教育》《虐待》《有害物質》《ストレス》《社会的つながり（ソーシャル・キャピタル）》《医療アクセス》などが，健康に影響する要因として働く可能性があると説明している。いっぽう，大石（2004）は，幼少期の成育環境が行動・情緒発達に及ぼす影響とその重要性を指摘している。そして，保育者（保育士と幼稚園教師を含む）の活躍に期待している。保育者は，①集団にどれくらい馴染んでいるか，②意思伝達に困っている様子はないか，③身体や感覚のコンディションに影響されて行動や情緒が乱れることはないかなどを手がかりとしつつ，発達に心配のある乳幼児の存在に早期から気づいている（大石，2004）。この早期の細かな気づきを，いかに丁寧で無理のない関与に結びつけるかが解決すべき課題である。

　発達に心配のある乳幼児の支援の典型的な流れは，《乳幼児健康診査》→《健診後フォロー教室》→《保育所・幼稚園におけるナチュラルサポートと相談支援事業および療育》→《自立支援協議会こども部会の活動》→《就学時健康診断》→《就学支援と移行支援》というものであるだろう。そして，この支援の流れは

---

1) 周産期から就学移行期および学齢期までの多職種連携による多面的・多段階的な支援を「包括的支援」と呼ぶ。部局を横断する「横」につながる連携と，ライフステージ移行の鍵をにぎる「縦」に橋渡す連携があり，当事者（本人・家族）を含む多職種が協働（collaboration）する。その際，協働を成功に導くマネジメント（コーディネートやファシリテーションを含む）が大切である。

学校教育段階におけるメンタルヘルスケアへと，引き継がれていく。

埼玉県狭山市[2] では2012（平成24）年度より，「市民向け公開講演会」が継続開催されている。この公開講演会は，福祉こども部・障害者福祉課および自立支援協議会・こども部会が運営の要（かなめ）となり，既存の多職種連携組織を活かす格好で，専門家・実践家のみならず，地域住民をも捲き込みながら幅広く協働することをめざす取り組みである。そして，当事者（本人と家族），市民，保健師，保育士，幼・小・中・高教師，指導員，相談員，心理士（カウンセラー），福祉士（ケースワーカー），医師，コ・メディカル（看護師やPT，OT，ST，PSW，MSW を含む），学生（ボランティア），行政（実務担当者）などの多彩な関係者が参加する。この種の当事者を中心とするボトム・アップ型のコミュニティ・ディベロップメント活動は，多職種連携の視点からの包括的支援を考える契機となっている。

松田・高橋（2018）が養護教諭を対象として実施した，学校における健康課題解決のための連携に関する調査では，成功的な連携を説明する要因として，少なくとも次の5つがあることが指摘されている。すなわち，①コーディネートする者の力量，②管理職の組織マネジメント力量，③協力的で良好な教職員関係，④外部の専門機関とのつながり，⑤教職員による児童生徒理解の力である。したがって，平素から園内や校内においてこのような①〜⑤の成功のための要因が積み上げられていないと，いざ多職種連携による支援を進めようとしても「うまくいかない」という事態に見舞われてしまう。

以上を踏まえ，本章では特に保育所・幼稚園から学校教育へとつながる就学移行期に焦点を合わせて，包括的支援の考え方と課題について概説する。

---

2) 東京のベッドタウンとして発展を続ける人口約15万人の中規模自治体である。2000（平成12）年に，文部科学省が設置した《学習障害及びこれに類似する学習上の困難を有する児童生徒の指導方法に関する調査研究協力者会議》による「学習障害児に対する指導について（報告）」を受け，指導方法に関する実践調査研究を行った（委嘱先は全国17都道府県であった。埼玉県では，狭山市のほか，熊谷市，蓮田市，新座市が委嘱先となった）。また，埼玉県では同じく2000（平成12）年より，早期に子どもの心の健康問題に気づき，子どもおよび親への必要な支援を行い，円滑な社会生活を推進する地域体制の充実を図ることを目的に，小児精神保健医療推進連絡会議や子どもの心の健康支援検討会議が設置され，関係機関（保健センター・保健師，精神保健福祉センター，福祉事務所，児童相談所，子育て支援センター，保育園・幼稚園，学校，警察，病院・診療所，民間相談機関のネットワークが構築されてきた。その拠点として，当該自治体には埼玉県狭山保健所が設置されていた。

表8-1　発達障害で大切なメンタルヘルスリテラシーの具体的な内容の例

領域	カテゴリーの名称	メンタルヘルスリテラシーの具体的な内容の例
1	精神疾患の基本的特徴	精神疾患の生涯有病率，好発年齢，関連要因
2	予防と早期対処・回復可能性	健康診断，転帰と予後，環境の影響
3	精神疾患の主な症状	強迫性障害，うつ，摂食障害，不安障害，人格障害
4	相談された時の対応	相談の重要性，ソーシャルサポート，情緒的安定
5	精神疾患への対処・治療	早期の気づき，適切な対処，エビデンスの高い治療法
6	緊急対応	統合失調症の急性期対応，希死念慮への対応，各種入院
7	予防法	睡眠，ストレス，疲労・過労，運動の効果，飲酒の影響
8	医療機関受診	医療者との連携，情報提供と個人情報保護

※本表は，山口ほか（2019）を基に，藤原・小塩（2015）の知見とKeller（2019）の報告，および筆者の実践経験等を交えて整理した。

2　メンタルヘルスリテラシー

　保育や教育では，エビデンス[3]に基づく実践（evidence-based practice：EBP）を行うべきだとする考え方が唱えられて久しい。山口・佐々木（2018）は，学校保健の観点から，思春期が精神疾患の好発期でもあり，1日の多くの時間を学校で過ごすために，学校における精神保健リテラシー教育が"効果検証と共に"始められる必要があるとしている。精神保健リテラシー教育の効果検証を行うには，保育や教育関係者の間にEBPの考え方がしっかりと根づいている必要がある。

　EBPの考え方が浸透する条件について，山口・佐々木（2018）は「現場の状況の考慮」をあげている。実際の教育現場の実態や雰囲気，教師の意識と"よく適合"する研究成果・知見は注目され活用されやすいが，そうでないものは一

3）研究から導かれた理論や知見が，科学的に確からしいと一定の評価を得ており，しかもその理論や知見の正しさ・確からしさが繰り返し確認されているような証拠のことである。医療保健，福祉，教育サービスでは，その影響を被る人が多く，その影響が長期に及ぶ。その上，もたらされた結果がしばしば不可逆的であることから，その実践は慎重かつ丁寧なモニターのもとで進められるべきである。

顧に値しないものとして"キャンセル"されてしまう。この場合，エビデンスの
ある知見よりも《経験則》が選択されることとなり，客観的な効果検証の機会を
逸してしまうおそれがある。

　"よく適合"するかどうかは，文脈適合性（contextual fit：CF）の問題だと
言われる。文脈適合性も，エビデンスとともに長らく議論されてきた（須藤，
2018）。須藤（2018）は，今後の実践型の研究を進める際は，関係者と連携しつ
つ支援方法について協働するために，協議プロセスを明確化し，そのプロセス
の中で積極的に合意形成を図ることが求められると述べている。

　ところで，学校教育段階でその重要度が増すメンタルヘルスリテラシー
（mental health literacy：MHL）とは，「精神疾患への気づきと対処，予防を
助ける知識や態度」のことである（山口ほか，2019；表8-1参照）。

　これらのメンタルヘルスリテラシーを考慮することにより，児童生徒の身体
面への影響はもちろんのこと，心理社会面への影響として自己信頼感の育成や
自尊感情の高揚につなげることができる（横嶋ほか，2018）。また，大石（2013）
もヘルスプロモーション・スクール（health promotion school：HPS）を例
に，子どもも教師も心身ともに健康で主体的に活動できるような環境設計の重
要性を指摘している。

　発達に心配のある子どもが就学前期の乳幼児である場合にも，表8-1に示した
メンタルヘメスリテラシーを念頭に置いて支援を進めることが重要である。

3　就学移行期の支援体制整備

　発達に心配のある子どもの就学前期の支援は，個別家族サービス計画
（individualized family service program：IFSP）に則り行われる。しかし，
子育て支援や家庭との連携は容易ではない。保育者からは，「親対応の難しさ」
が語られる。衛藤（2018）は，保育者が経験する「親対応の難しさ」は，保育の
専門性に起因すると述べている。衛藤（2018）は修正版・グラウンデッド・セ
オリーアプローチ（M-GTA）という質的分析法を用いて保育士と保護者の関係
性が，①どう話しかけてよいかわからない，②返答の仕方がわからない，③双
方向の会話が成り立つという時期を経て成立するとした。この①から②を経て，

③に到達する変容の過程では，他保育士からのサポートの受容，保育士の自信の高まり，職能発達の見通しなどの変化が生じていた。よって，就学移行期の支援体制整備する前提として，保育者の支援力の準備性を高める必要がある。

　北野（2017）は，OECDの取り組みや保育環境スケールによる評価を踏まえて，保育者が行う子育て支援や家庭との連携の最優先事項として，①年に1度は，保護者に保育について評価するよう求めること，②保護者には，必要に応じて他の専門機関を紹介すること，③保育計画の決定に保護者の参与を求めること，をあげている。この②や③と関連して，保育者（学校教師）が保護者との相談を進める中で，他の専門機関との協働や多職種連携が必要になることがある。たとえば，母子通園施設やこども発達支援センターあるいは相談・支援事業所などと連携することで，専門的サービスに関するまとまりのある詳しい情報を得ることができたり，統制度が高く短期的な行動変容が期待できる離散試行型指導法を受けることができたり，家庭や地域における日常生活を過ごしやすくするためのペアレント・トレーニングやスタッフ・トレーニング（後方支援）などを受けることができる利点がある。しかしながら，木村（2019）は，この種の他の専門機関との協働およびその際の多職種連携の際は，保護者の負担を過度に高めないためにも，地域行政機関によるサービスのマネジメントが必要であると指摘している。そして，そのような取り組みは，いまのところ十分に進められておらず，今後の課題として残されている。

４ 包括的支援：多職種連携と協働

　諏訪（2017）は，社会全体で子育てを支持するという社会的養護の観点から放課後や休日の子どもの生活を担う社会機関等では，人的・物的環境諸条件の整備が急務であり，保育・支援内容を共に策定し，職員間の連携を深める必要があるということを実態調査から明らかにした。そして，福祉と教育について部局横断型の連携をただちに具現化する必要性を指摘している。

　部局を横断するような「横」の連携について，原口・大谷（2018）は，保育者（福祉）と心理職（心理）間の連携を例にとり，その成功の秘訣として，①関与法，②専門性，③マインドの3側面が「要」になると述べている。①については，

積極的にコミュニケーションし，安心してカバーし合える協力関係に向かうことが目指される。また，②については，固有の専門性とその限界を理解した上で，他分野・領域の専門性をも内在化することが目指される。さらに，③については，それぞれの価値づけの違いを許容しつつ，自らの観点や行動の動機を相対化することが目指される。

　一方，阿部 (2015) は，保育者の専門性を高め，発達に心配のある乳幼児に対して主体的に保育改善（合理的配慮）を達成するために，コンサルテーションを積極的に活用することを提案している。他分野・領域の専門性を内在化することには限界があるというのがその理由である。

　これまで「横」につながる連携について説明したが，連携には「縦」に橋渡しする連携もある。この「縦」の連携については，ライフステージを移行（transition）する際に，特に重要度が増す。そこで，さまざまな移行支援のツールが工夫されてきた。たとえば，赤塚・大石 (2013) は，「移行支援シート」を考案して，会議時にすべての参加者が対等な条件で率直に意見を述べることができる条件を整備している。そして，就学前（前年度の11月），就学時（前年度の2～3月），就学後（当該年度の5月）に，支援方法（手立て）の引き継ぎと，課題の共有を図る“実質的”な引き継ぎの効果と体制を自治体事例として示している。保育所・幼稚園等から小学校への顔を合わせた形の連携において「移行支援シート」を用いる効果は，河口 (2015) においても再確認されており，移行支援のツールを用いることで具体的な支援法に関する情報が交換されやすくなる実態が明確になった。

　ただし，包括的支援を進めやすくするための体制整備には，地域の自治体のイニシアチブが重要である。しかし，そのような取り組みを推進する自治体は先進地域として取り上げられ，一般化するにはなお時間を要する。また，移行支援を進めるためのコーディネートも未だ個人の力量に依存する色彩が強い。今後，マネジメントの主体はどこが担うかを明確にして，質の高いケアを提供できる地域創造の努力が求められる。

【引用・参考文献】

阿部美穂子 (2015) 気になる子どもの変容を促す問題解決志向性コンサルテーションの効果

に関する実践的研究―「行動の分析＆支援シート」の開発と活用―．保育学研究，53，
　52–63.

赤塚正一・大石幸二（2013）就学期の移行支援体制づくりに関する実践的研究―地域におけ
　る特別支援学校のコーディネーターの役割と課題―．特殊教育学研究，51，135–145.

衛藤真規（2018）初任保育士の経験する保護者との関わり―難しさに関する語りの変容プロ
　セスに着目して―．保育学研究，56，149–160.

藤原武男・小塩隆士（2015）幼少期の環境と健康．川上憲人・橋本英樹・近藤尚己（編）．社
　会と健康―健康格差解消に向けた統合科学的アプローチ―．pp.77–93，東京大学出版会.

原口喜充・大谷多加志（2018）保育者からみた心理専門職との協働―経験による変化と関係
　性に着目して―．保育学研究，56，126–136.

河口麻希（2015）「就学支援シート」を用いた特別なニーズのある幼児の移行支援―移行の時
　期に着目して―．保育学研究，53，64–74.

Keller, R. (2019) Psychopathology in adolescents and adults with autismspectrum
　disorders. Switzerland: Springer Nature.

木村拓磨（2019）育児困難を感じる親に対する親教室の効果―こどもの発達センターとの連
　携による子育て支援―．保育学研究，57，102–113.

北野幸子（2017）家庭との連携に関する保育者の専門性に関する検討．保育学研究，55，
　9–20.

松田朋生・高橋浩之（2018）学校における健康課題解決のための連携モデルの検討―養護教
　諭を対象とした調査から―．学校保健研究，59，423–434.

大石幸二（2004）子どもの行動・情緒発達と支援環境の構築．チャイルドヘルス，7，262–
　266，診断と治療社.

大石幸二（2013）特別なニーズをもつ子どもたちへの支援と連携のあり方．学校保健ゼミナー
　ル講演集，64，63–79，東山書房.

須藤邦彦（2018）わが国の自閉症スペクトラム障害における応用行動分析学をベースにした
　実践研究の展望―2012年から2017年―．教育心理学年報，57，171–178.

諏訪きぬ（2017）子どもの生活における家庭の役割と放課後児童クラブ・小学校との連携―
　運営間もない放課後児童クラブ（学童保育）の実態分析を通して―．保育学研究，55，
　46–56.

山口智史・西田明日香・小川佐代子・小塩靖崇・東郷史治・佐々木司（2019）学校教員を対
　象としたメンタルヘルスリテラシー教育プログラムの効果検証―パイロットスタディ―．
　学校保健研究，61，7–13.

山口智史・佐々木司（2019）教育現場にエビデンスに基づく実践を広めるためには何をすれ
　ばよいか．学校保健研究，60，150–153.

横嶋敬行・賀屋育子・内田香奈子・山崎勝之（2018）ユニバーサル学校予防教育「自己信頼
　心（自信）の育成」プログラムの効果―児童用紙筆版セルフ・エスティーム潜在連合テス
　トを用いた教育効果の検討―．学校保健研究，60，5-17.

第9章

発達障害のある子の育児支援
—— メンタルヘルスケアの観点からのペアレント・トレーニング

神尾陽子・染谷　怜・桑原千明・佐藤直子

1 ペアレント・トレーニングの背景と問題

　発達障害のある子への支援は，子どもの利益を最優先して，本人にとって価値のある地域社会への参加を目標とした，医療も含む多領域ケアを意味する。その中に，日々養育にあたる家族への支援も含めるという考え方は，今日では国際的なコンセンサスを得ている。子どものメンタルヘルス領域での家族支援は，子どもの障害や問題の種類によってその具体的内容や実施方法（個別か集団か）は多種多様であるが，大きく分けて，親への心理教育とペアレント・トレーニング（parent training: PT）がある。前者が障害についての理解を深めることで親自身のストレス軽減や間接的に子どもへの対応の改善を目指すのに対して，後者（PT）は親の養育行動の変容を通して，親子関係の改善や子どもの行動変容を目指す，根拠のある治療の一形態である。知的障害や自閉スペクトラム症（ASD），注意欠如・多動症（ADHD），反抗的/反社会的な行動障害，情緒障害など幅広い子どもの問題の改善に一定の効果があり，WHOのメンタルヘルスギャップアクションプログラム治療ガイド（2016）[1] や，厚生労働省の児童発達支援ガイドライン（2017）[2] にも推奨されている。

　PTはエビデンスのある治療として確立されている一方で，実際の支援現場でのニーズとの間にギャップがあることも指摘されている。井上（2017）は，異なる対象向けに開発されたPTはいずれも行動理論をベースとする点で共通するものの，臨床研究は障害種ごとに別々に行われてきたという経緯に触れ，実

---

1) https://apps.who.int/iris/bitstream/handle/10665/44406/9789241548069_eng.pdfsequence=1
2) https://www.mhlw.go.jp/file/06-Seisakujouhou-12200000-Shakaiengokyokushougaihokenfukushibu/0000171670.pdf

際の支援現場では障害種別に対象を明確に分けてPTを実施することは困難である点を指摘している。温泉と小野寺 (2020) は，発達障害領域においてPTには障害種を越えた汎用性があることを確認する一方で，発達特性について個別性の高い心理教育と行動分析に，より重点を置いた行動変容アプローチが必要であることに注意を喚起している。具体的には，親子の関係強化に主眼を置くADHD向けのPTはASD児の親子には効果がみられない，あるいは子どもの問題行動や情緒の不安定さが増える場合があることから，ASD児の問題行動の成り立ちには親の注目による強化以外に，ASD独特のこだわりなど多様な要因を考慮する必要性を示唆している (温泉・小野寺，2020)。

　あるプログラムが地域に普及し，どこででも実施可能となるためには，その前に一定の研究手続きが必要不可欠である。すなわち，プロトコールに従って実施すれば，かなりの確率でコストや負担に見合うだけの意味のある効果が生まれること，しかも場所や実施者によらず再現性があることが実証されなくてはならない。したがって，対象は特定の診断を受けた子どもに限定するなど，研究条件は厳密に設定されるのが一般的である。ところが，私たちが実際の臨床でよく出会う「発達障害」のある子どもたちは，典型的なASD, ADHD, 知的障害と診断されるケースはむしろ稀で，大部分は複数の発達障害の特性を少しずつ併せ持つ複雑な全体像を呈している。このため，実臨床の場面では，個々の親子の多様なニーズに合わせて，既にエビデンスのあるPTプログラムをカスタマイズして用いることが必要となってくる。

② 親子のメンタルヘルスケアの観点からみた発達障害に対するペアレント・トレーニング

　近年，発達障害の早期診断，早期支援はわが国でも浸透しつつあり，典型的なASD児なら3歳までに療育を開始するケースが増えてきた。一方，発達の遅れがなく，ASD症状が軽度あるいは診断レベルより症状の数が少なく，症状程度も軽い診断閾値未満 (診断閾下) の子どもは，家庭生活や保育園などでの集団生活に問題があるような場合でも，乳幼児健診では発達支援にニーズがあることを見つけきれないことがほとんどである。

　ASD診断閾下の子どもの親が育児ストレスを強く感じるのは，ASDの中核症状である対人コミュニケーションではなく，かんしゃくや言うことをきかないといった行動である。それらの成り立ちに発達障害特有のこだわりや感覚過敏があることに気づかないと，たとえ育児相談につながったとしても一過性の問題あるいは親の育児スキルに原因があると見なされてしまい，支援が核心に届く前に中断してしまう恐れがある。また情緒の問題はしばしば発達障害の「二次障害」と称されるが，必ずしも発達障害が先にあって結果として情緒の問題が生じるわけではない。むしろ発達障害が顕在化する前から不安や恐怖などの情緒の問題が潜在しうることは，疫学研究や脳科学研究からも示唆されており，これらの混じりあった状態が育児困難の主な原因となっているケースは少なくない。

　このような親子がようやく育児相談の場に現れ，支援が始まろうとするその時に最初に何をすべきであろうか。定石通りであれば，まず親子を含む包括的なアセスメントを行って支援ニーズを明らかにし，親の気づきと障害についての理解を深めるために心理教育プログラムを行い，親の気持ちの準備が整った段階で子どものニーズに応じた専門的療育につなぐ，であろう。ところが，なんらかの理由により検査を完全な形で実施できない場合は，「様子をみましょう」と次のステップに進まないまま時間が経過する。その間，成長していく子どもと家庭や園などの周囲との間では，かかわりの悪循環が増大し，親子とも疲弊し子どもが家庭外に居場所を失って初めて，本格的な治療が始まるという事態は避ける必要がある。

　今回，情緒や行動に問題のある発達障害が疑われた4歳児とその親に対して，個別的PTを行い，その過程で不適応行動の成り立ちへの理解を深め，子どもの日常の適応レベルの向上と親の養育スキルの向上と満足が得られたので，本稿でその概略を報告し，発達障害の特性と情緒や行動の問題が混じりあっている子に対する，メンタルヘルスの観点からの予防的な家族支援のあり方について考察する。なお研究発表に関しては，保護者から書面にて同意を得ている。

　両親に連れられて来院したコウタ（4歳4ヵ月，男）は，警戒した様子で目を合わさず問いかけに返事をしないが，一人で遊具を使って楽しそうに遊んだり，心理士に話しかける様子がみられた。親の心配事は，登園しぶり，家で思い通りにならないとかんしゃくや攻撃的・破壊的なふるまいをほとんど毎日する，などであった。子どもへの正しいかかわり方を知り，親子ともども穏やかな生活を送りたいと，知人の心理士のすすめで受診を決めた。

●**家族歴**：両親と3人暮らし。母方親族にはうつ病，双極性障害，ASD，知的障害があった。家族仲は良好。

●**発達歴・生活歴**：発達に遅れはない。1歳から保育園に通う。3歳頃より次第に登園しぶりが強くなった。園からは「母親の気にしすぎ」と言われている。

●**家庭でのしつけ**：育児は両親で協力して行っているが対応は異なる。父はコウタが言うことをきかない時は強い口調で指示する。母はコウタと父が言い争っているのが辛くて，できるだけコウタの意に沿うようになだめている。

●**アセスメント結果**：確定診断は保留としたが，暫定診断結果は以下の通りであった。
　・発達レベルは暦年齢相当（新版K式発達検査で認知・適応領域と社会・言語領域との間に乖離）
　・「自閉スペクトラム症」あるいは閾下（ADOS-2, SRS-2対人応答性尺度，感覚プロファイルおよび親からの聴取などからは診断レベルを疑ったが，同年齢の子どもとの交流場面が回避されているため情報不十分として保留）
　・「社交不安症」相当の不安
　・「反抗挑発症」相当の持続的な行動の問題（アイバーグ子どもの行動評価尺度ECBIでは家庭での問題行動の強度，親から見た問題性ともに臨床閾）
　・強みは，知的好奇心と言語能力。自分が満足した結果には他者から賞賛を

求めたり他者に教えるなどの他者とのかかわりに積極的な一面もある

主訴の問題行動の背景には，予測できない状況への不安や恐怖があり，思い通りでない活動や場面を回避，拒否する結果となっていると考えられた。

●治療の提案：コウタにとって新しい経験が予測可能で安心でき，かつ豊かな刺激に満ちていることがわかれば，回避や拒否は減っていくだろうという治療仮説のもとに，親子の行動変容をねらう親子相互交流療法（Parent-Child Interaction Therapy: PCIT）を提案した。PCITは破壊的行動障害のある子どもに対するエビデンスに基づいた治療で，アタッチメント理論と行動理論をベースにしている（http://www.pcit.org）。治療の前半は子ども指向相互交流（CDI）で，親は肯定的注目を増やし否定的注目を減らすことを学び，親子の肯定的な交流を強化する。後半は親指向相互交流（PDI）で，親は問題行動に対して一貫性，予測可能性のある効果的なしつけの方法を学ぶ。PCITは日本を含む世界各国に普及しており（https://www.pcit-japan.com/），ASDへの適応も検討されている（McNeil, Quetsch & Anderson, 2018）。コウタの攻撃的な行動に対してもPCITの効果が期待できるかどうかは親の注目が問題の持続に関係している場合に限られるので，治療過程で機能分析を行って計画に反映させることとした。

●治療経過（図9-1，図9-2）：治療のゴールは，コウタが思い通りにならない場面で情緒の安定を崩さずに受け入れることができ，集団参加を楽しめるようになることであった。実施に際しては国際認定トレーナーのスーパーヴィジョンのもとプロトコルを遵守しつつ，コウタのASD特性と不安の強さを考慮した工夫を取り入れながら行った。

・CDI：10回のCDIセッションを通して母は肯定的注目を上手く使って親子遊びを発展させた。コウタは開始時に「ママはいつも通りにして」と嫌がる反面，終了もまた嫌がった。セッション中の一連の出来事を機能分析して母と一緒に振り返ることで，親自らの行動変容の重要性を理解し治療への動機付けが高まった。コウタも日常生活で騒いだ後に「ママを怒らせたかった」と言ったり，保育園での出来事を話すなど態度の変化が見られた。PDI

に移行する直前，自宅の家具を買い替えたことを知らされていなかったため大騒ぎする事件が起きた。これをきっかけに家庭でもコウタが予測しやすい環境を意識するようになり，その効果を実感していった。

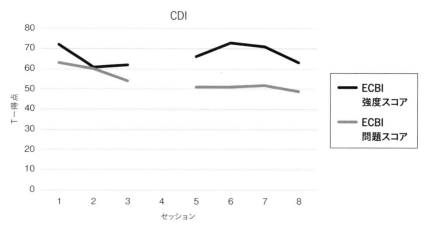

図9-1　コウタの母親のECBI得点（T-得点）のCDI治療経過における変化
（※第4回セッションは環境調整のためECBIは未実施）

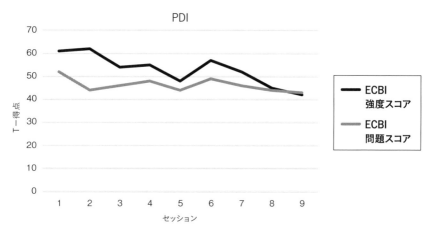

図9-2　コウタの母親のECBI得点（T-得点）のPDI治療経過における変化
（※CDIセッション中よりもPDIに移行してからの改善が著しい）

・PDI：母のCDIスキルが目標とする基準に達し，自信がついた段階で，コウタにタイムアウトを含むPDIのルールをロールプレイや流れ図を使って説明した。さらにセッションの流れを，PDI（「ママの言うことをきく練習」）が上手くできたら，早く終わって次のCDIがその分長くできるというように説明したのが，コウタの意欲を高めたようであった。PDI中のコウタの行動変容は早く，家庭でのお手伝いや保育園での他児との交流にも積極性がみられた。7回のPDIセッション中，一度もタイムアウトを経験せずに完遂し，母のスキルも基準を満たしたのでPCITを終了した。

●**治療前後の変化**：コウタの変化は破壊的行動の減少，不安の低減に顕著に現われ，もはや日常生活に支障をきたすことはなくなった。一方，ASD特性は持続しており，他児とのかかわりの質を見極めて再評価を行う必要がある。家族や限られた大人との関係は安定し，穏やかなものに変わり，外出できる範囲も広がった。両親は1年前とは別人のようと成長を喜んだ。

4 事例の考察

　コウタのようにASD/ASD閾下の子どもでは，合併している不安症状や行動の問題は，治療しないと自然に回復しにくく，その後も持続することがわかっている（Simonoff et al., 2013）。そのことは，学校など集団場面への参加が制限されることにつながりやすく，将来の社会参加に重大な影響を及ぼす危険性がある。コウタの治療経験からわかることは，4歳という年齢でも，そしてASD特性が強くても，不安や破壊的行動にエビデンスのある治療をすれば，治療がターゲットとする不安症状や行動の問題が比較的短期間で大いに改善しうるということである。PCITは汎用性の高い包括的治療パッケージではあるが，同じプロトコルで機械的に実施すればASD児にも効果が確立しているわけではない。その代わりに機能分析に基づくコーチングという要素があり，治療ターゲットを明確化でき，多面的な行動変化をモニターしながら促せるという点で，アセスメントに基づいた柔軟な応用可能性が期待できる。

　この事例から臨床的に重要な示唆として，第一に，発達障害のある子の不安

や行動の問題は「二次障害」と見なす固定観念は治療可能性を狭める危険性があると言える。そうした考え方に立つと，「二次障害」は一次的な発達障害が取り除かれない限り解決しないので，治療のターゲットは，不安や行動の問題ではなく，発達障害に焦点化され，治療の機会を逸してしまう。これは，発達障害のある子の支援がメンタルヘルスを含めた包括的アセスメントをベースとせず，ステレオタイプに陥った場合の弊害例である。

　第二に，PCITには親の感受性を高め，親子関係の質をより良いものにする効果もねらいに含まれており，愛着理論が基盤となっている。実際，コウタのケースも親子関係が心地良いものになり，家庭外での活動に挑戦できるようになったのは事実である。ASD治療の文脈でしばしば愛着形成の重要性が指摘されるが，愛着の強化がASDの中核症状の改善につながったかどうかについては実証的な研究の裏付けはまだないことを念頭に置く必要がある。愛着の形成とASD症状の改善とは相互に関連がないことを示したレビューがある（Vivanti & Nuske, 2017）。ASDのような複雑な病態の治療仮説を愛着という汎用性の極めて高い枠組みで説明しようとする試みは古くからあり，これまで実証された例はないことを忘れずに，アセスメントに基づく治療の個別化の技術を高めていくことの重要性をあらためて強調しておきたいと思う。

5 おわりに

　発達障害のある子の育児支援には発達障害についての知識だけでなく，発達の個人差やメンタルヘルスについての経験と知識も必要となってくる。とはいえ発達支援の専門家があまりに専門分化しすぎてしまう弊害もある。本稿では，発達障害特性のある子どもの支援においては，機能分析を含む包括的アセスメントを行って，何を優先すべきかを考えたうえで治療の計画を立てることの重要性を示唆する事例を紹介した。

謝辞：日本PCIT研修センターの加茂登志子先生，川崎雅子先生には，PCITのスーパーバイズおよび原稿への貴重なコメントをいただき，感謝申し上げます。

【引用・参考文献】

井上雅彦 (2017) 発達障害に対するペアレント・トレーニングの実際と課題．発達障害研究．
　　39, 87–90,

温泉美雪, 小野寺敦子 (2020)．発達障害に対するペアレント・トレーニングの現状と課題－
　　支援ニーズに沿ったプログラムの開発に向けて－．目白大学心理学研究．16, 33–45.

McNeil, C.B., Quetsch, L.B., & Anderson, C.M. (eds.)(2018). Handbook of Prent-Child
　　Interaction Therapy for Children on the Autism Spectrum.Springer.

Simonoff, E., Jones, C.R.G., Baird, G. et al. (2013). The persistence and stability of
　　psychiatric problems in adolescents with autism spectrum disorders. Journal of Child
　　Psychology and Psychiatry, 54, 186–194.

Vivanti, G.& Nuske, H.J. (2017). Autism, attachment, and social learning:Three challenges
　　and a way. Behavioural Brain Research, 15:325(Pt B), 251-259.

発達障害のある子の育児支援
—— 親のメンタルヘルスケア

多門裕貴・立花良之

1 はじめに

発達障害のある子（以下，発達障害児）の親は，日々の子育ての中で，我が子との相互的なコミュニケーションの難しさや周囲の子どもとの違いに，悩み，疲弊して，孤独感を抱えている可能性がある。本章では発達障害児の親のメンタルヘルス不調とそのケアについて述べる。

2 発達障害児の親のストレス

障害児の親のストレスを調査したいくつかの報告（橋本，1980; 新見・植村，1980; 新見・植村，1985）によると，保護者にストレスを与える要因として表10-1のようなものが挙げられている（社団法人日本発達障害福祉連盟，2010）。これらの要因は子どもに障害がなくても生じる可能性はある。しかし子どもに障害がある場合はいくつかの要因が同時に起き，互いに影響しあうことで状況をより複雑で困難なものにすることがある。また慢性的にストレス状態が続くことで精神的健康を損なう原因となることが懸念される（社団法人日本発達障害福祉連盟，2010）。

3 発達障害児の親の抑うつ

発達障害児の親のメンタルヘルス不調の中でも，支援者が注意すべき重要なものに，うつ状態がある。うつ状態はその人自身のパーソナリティやストレスが要因となって発症する。国内の研究において，高機能広汎性発達障害児の母

表10-1　保護者にストレスを与える要因(社団法人日本発達障害福祉連盟, 2010(表記的に改変))

> (1) 家族外の人間関係から生じる要因
>
> 　　例：障害がある子どもをもったことでの地域社会に対する引け目や疎外感など
>
> (2) 障害児の問題行動から生まれる要因
>
> 　　例：障害のために起きる子どもの自傷，他害行為とその処理による心労など
>
> (3) 障害児の発達の現状および将来に対する不安から生じる要因
>
> 　　例：親子関係の形成の困難さ，将来の自立の不安など
>
> (4) 障害児を取り巻く夫婦関係から生じる要因
>
> 　　例：養育や進学の方針の夫婦間での意見の違いによる争いなど
>
> (5) 日常生活における親自身の自己実現の阻害から生じる要因
>
> 　　例：親の生活の自由の制限，就労や転勤などの機会の制限，それによる不全感など

　親は一般の母親と比べて抑うつ傾向を呈するものが多く重症者の割合も多いという報告がある（野邑ら，2010）。うつ状態は精神科を専門にしていない支援者にも判断が比較的容易であり，親子の安全にも関わる重大な問題を来す可能性があるため適切な対応が必要である。うつ状態では，抑うつ気分，興味または喜びの消失，不眠などの症状を呈する。国際的な精神疾患の診断基準である，『精神疾患の診断・統計マニュアル（Diagnostic and statistical manual of mental disorders, 5th Edition）：DSM-5)』(American Psychiatric Association, 2013) では，うつ病/大うつ病性障害の診断基準として「症状が同じ2週間の間に『ほとんど1日中，ほとんど毎日』存在すること」とされている。

　うつ病のスクリーニングとしては，Whooleyの2項目質問法（Whooley, 1997) がある（表10-2）。これはDSM-5のうつ病/大うつ病性障害の2大症状をそのまま問うものであり，いずれかの質問項目に該当する場合は94%の感度, 63%の特異度でうつ病が検出されるという報告がある（Bosanquet, et al., 2015）。育児不安の強い親やうつ状態が疑われる親に気がついた場合は，さりげなくWhooleyの2項目質問法の内容を問診に織り交ぜたり，あらかじめ子どもの問診票の中にWhoolyの2項目質問法の内容を組み込んでおくことで，親のうつ

表10-2　Whooleyの2項目質問法

以下の質問にお答えください。 (「はい」か「いいえ」のどちらか，より当てはまるほうに〇を付けてください)		
この1か月間，気分が沈んだり，憂うつな気持ちになったりすることがよくありましたか。	はい	いいえ
この1か月間，どうも物事に対して興味がわかない，あるいは心から楽しめない感じがよくありましたか。	はい	いいえ

状態の有無を評価することができる（立花，2015）。

4 発達障害児の親自身の発達特性と養育不全

　発達障害児の親の育児困難感や育児ストレスの背景に，親自身の発達特性が関与していることがある。自閉スペクトラム症（ASD）や注意欠如多動症（ADHD）の発達特性は，一般集団の中でも幅広く連続して分布しており（Kamio, et al., 2013; McLennan, 2016），認知の偏りがあったとしても，社会生活に適応できている場合はあまり問題になることはない。しかし育児においては，子どもの突然の発熱や嘔吐，理由のはっきりわからない乳児の泣きなど，見通しが立たず予想外なことの連続である。明確な答えのない中で子どもの状況に合わせて臨機応変に対応することは，発達特性をもつ親に取っては大きなストレスとなる。子どもも発達特性をもっている場合，育児困難感や育児ストレスはさらに強まりメンタルヘルス不調をきたすリスクは高くなる。

　母親の発達特性は，育児困難感や育児ストレスにつながるだけでなく，養育不全に至るリスク因子であることが報告されている（Fujiwara, et al., 2014; Tachibana, et al., 2017）。また国内の疫学調査では，ASD傾向が比較的軽い養育不全，ADHD傾向はより重度の養育不全のリスク因子であることが示唆された（Tachibana et al., 2017）。

　また，成人のASD，ADHDいずれにおいても，大うつ病性障害や双極性障害などの気分障害，不安障害などの精神疾患を合併しやすいという報告がある（Lugnegård, et al., 2011; Park, et al., 2011）。精神疾患の合併を認める場合

は，養育不全につながるリスクはさらに高くなる。

5 親のASD特性に対する育児支援

(1) 社会的コミュニケーションの障害

　曖昧な表現の理解が苦手であったり，言葉を字義通りに受け取ってしまうなどのコミュニケーションエラーが生じている可能性がある。対応としては，できるだけ具体的に，比喩やたとえを用いずに伝えること，困ったときの相談先を具体的に伝えておくことが重要である。また耳からの情報よりも目からの情報の方が理解しやすい傾向があるため，説明やアドバイスをする際は図や写真を用いたり，後から見返すことができる形にすることは有用である（立花，2018；Quill, 2000）。

(2) 行動，興味，または活動の限定された反復的な様式

　親のこだわりが本人や家族の生活に支障をきたさないものであれば，親のこころの安定や，支援者との良好の関係を維持するためにもある程度は尊重することが望ましい。一方で親のこだわりの内容により医学的な問題が懸念される場合は，そのリスクを本人と家族にきちんと伝えて理解を促す必要がある（立花，2016）。

6 親のADHD特性に対する育児支援

(1) 不注意

　診察場面で親に説明をするときは一つ一つ端的に伝える，メモやチェックリストの形で視覚的に残すようにする，などの方法がある。特に子どもの検査結果や見立てなどの重要な話をする場合は，子どもが途中で飽きてしまい診察室内を動き回っていると，親の注意が子どもに逸れてしまい内容を十分に共有できない可能性が高い。大切な話をする際は，事前に親のみでの来院を勧めたり，

面談中に誰かが子どもの面倒を見ることができる体制を整えておくことが望ましい。

（2）多動性および衝動性

多動性が強いと余裕を持って行動することが苦手なため，時間がないのに予定を詰め込んでしまうことがある。具体的な対策としては，あらかじめ余裕をもった計画を立てる，生活に優先順位をつけることなどをアドバイスするとよい（Young, 2006）。

衝動性が強い場合，思い通りにいかない育児の中でつい感情的に怒ってしまう可能性がある。そのような場合には，親が子どもの行動の背景を理解して一貫した姿勢で関われるようにペアレントトレーニングの考え方を紹介して，対応について一緒に考えるのも良いかもしれない（立花，2018; Whitham, 1991）。また無理に泣き止ませようと激しく揺さぶってしまうことによる乳児のリスクの説明や，乳児の泣き方の特徴や見通し，適切な対応方法を具体的に指導することも有益である（Ronald, et al., 2009）。

7 地域と連携した親のメンタルヘルス不調のケア

親のメンタルヘルス不調が強い場合は，親自身の治療が必要となる場合もある。診察場面や支援場面での親の様子や問診内容，スクリーニング検査からうつ状態が疑われた場合，早期から地域の親子保健と連携しながら包括的なサポートを行うとよい（立花，2015）。親のうつ状態などにより育児困難感や育児ストレスを抱えている場合は，地域の母子保健担当保健師に加えて子ども家庭支援センターと連携しながら家族のサポートを行う。親の育児負担の軽減を積極的に行う必要がある場合は一時保育やショートステイの利用を検討する。児童虐待や養育不全が懸念される場合は児童相談所と連携しながら家族のサポートを行う（立花，2016；日本周産期メンタルヘルス学会，2017）。大切なことは，発達特性をはじめとしたメンタルヘルスのリスクを抱えた親が，常に地域に支援者がいるという意識の中で安心して育児ができるということであり，地域の親子保健，児童福祉担当所管と連携しながら多職種で家族をサポートしていくと

いう姿勢が重要である。

8 おわりに

　発達障害児を育てる親のメンタルヘルスケアについて概説した。発達障害児の親は慢性的なストレス状態にある可能性があり，支援者はうつ状態をはじめとした親のメンタルヘルス不調に十分注意する。メンタルヘルス不調の背景に親の発達特性の関与が疑われる場合は，親の発達特性にも配慮した支援を行う。親の育児困難感や育児ストレスに対しては地域親子保健と協力しながらサポートを行うことが望ましい。

【引用・参考文献】

American Psychiatric Association. (2013). Diagnostic and statistical manual of mental disorders(5th ed.). Arlington, VA: Author.（日本精神神経学会日本語版用語監訳.（2014）DSM-5 精神疾患の診断・統計マニュアル. 医学書院.）

Bosanquet K, et al. (2015). Diagnostic accuracy of the Whooley depression tool in older adults in UK primary care. J Affect Disord. 182, 39–43.

Fujiwara T, et al. (2014). Association of maternal developmental disorder traits with child mistreatment: a prospective study in Japan. Child Abuse Negl. 38(8), 1283–9.

橋本厚生（1980）障害児を持つ家族のストレスに関する社会学的研究－肢体不自由児を持つ家族と精神薄弱児を持つ家族の比較を通して－. 特殊教育学研究. 17（4），22–32.

Kamio Y, et al. (2013). Quantitative autistic traits ascertained in a national survey of 22529 Japanese schoolchildren. Acta Psychiatr Scand. 128(1), 45–53.

Lugnegård T, et al. (2011). Psychiatric comorbidity in young adults with a clinical diagnosis of Asperger syndrome. Res Dev Disabil. 32(5), 1910–7.

McLennan JD. (2016). Understanding attention deficit hyperactivity disorder as a continuum. Can Fam Physician. 62(12), 979–982.

日本周産期メンタルヘルス学会編 周産期メンタルヘルスコンセンサスガイド2017. http://pmhguideline.com/consensus_guide/consensus_guide2017.html（閲覧日：2020年10月9日）

新見明夫・植村勝彦（1985）学齢期心身障害児をもつ父母のストレス－ストレスの背景要因－. 特殊教育学研究. 23（3），23–33.

新見明夫・植村勝彦（1980）心身障害児をもつ母親のストレスについて－ストレス尺度の構成－. 特殊教育学研究. 18（2），18–33.

野邑健二 他（2010）高機能広汎性発達障害児の母親の抑うつについて. 小児の精神と神経. 50（4），429–438.

Park S, et al. (2011). Prevalence, correlates, and comorbidities of adult AD/HD symptoms in Korea: results of the Korean epidemiologic catchment area study. Psychiatry Res. 186(2–3), 378–83.

Quill, K.A. (2000). Do Watch-Listen-Say: Social and communication intervention for children with autism. Paul H. Brookes Publishing.

Ronald G. Barr, et al. (2009). Do educational materials change knowledge and behaviour about crying and shaken baby syndrome? A randomized controlled trial. CMAJ. 180(7), 727–733.

社団法人日本発達障害福祉連盟 (2010) 障害児の親のメンタルヘルス支援マニュアル.

Tachibana Y, et al. (2017). Maternal impulse control disability and developmental disorder traits are risk factors for child maltreatment. Scientific Reports. 7, 15565.

立花良之 (2015) メンタルヘルス不調の母親の支援のゲートキーパーとしての小児科医の役割. 日本小児科医会会報. 50, 142–145.

立花良之 (2016) 母親のメンタルヘルス サポートハンドブック 気づいて・つないで・支える 多職種地域連携. 医歯薬出版.

立花良之 (2018) 第4章 臨床的見立て 育児困難と母親の発達障害. 神尾陽子 (編). 発達障害 最新医学別冊 診断と治療のABC130. 123–29.

Whitham C. (1991). Win the Whining War & Other Skirmishes: A Family Peace Plan. Perspective Publishing. (上林靖子, 中田洋二郎, 北道子他 (訳). (2002) 読んで学べる ADHDのペアレントトレーニング―むずかしい子にやさしい子育て―. 明石書店.)

Whooley MA, et al. (1997). Case-finding instruments for depression. Two questions are as good as many. J Gen Intern Med. 12, 439–445.

Young, S. and J. Bramham. (2006). ADHD in adults: A psychological guide to practice, England, John Wiley & Sons.

第11章

発達障害がある子への
学校でのメンタルヘルスケア
—— スクールカウンセラーができること

加藤澄江

1 学校には様々な資源がある

　学校には様々な資源がある。例えば，昨今では，朝「学校へ行きたくない」という子どもの家まで迎えにいく役割の職員がいる学校も多い。退職した元教員や教師を目指している若者が担任の補助として，行き渋りの児童を朝，家に迎えに行き教室まで付き添い，更に教室に入れない場合は，別室で学習指導や遊びを通して支援している。保護者が子どもの頃よりも，格段に学校は個別の支援を積極的に行うようになっている。

　幼稚園や保育園では，子どもの送迎時に，保護者は教諭や保育士と毎日顔を合わせる機会があるので相談しやすい。ここでのちょっとした会話や連絡帳のやり取りを通して解決することも多いと思われる。しかしながら，学校に入学すると保護者は，このような機会がなく，子どもを通して情報を入手することになる。発達障害がある児童の場合，学校に関する情報をうまく伝達できないことがある。また，学校での課題は幼児期に比べて格段に高度で複雑になる。保護者は，学校は敷居が高いと感じるかもしれないし，担任が指導と共に評価する立場なので，子どもが教師から偏見を持たれることを恐れる場合もある。単に遠慮が先立つこともある。

2 スクールカウンセラーができること

　スクールカウンセラー（以下SC）の仕事のひとつは，学校にある豊富な資源を必要としている児童に届けることである。その前段階として児童の特性を理解し，その理解に基づいて，学校および家庭環境と児童の相互作用を分析し，ど

んな支援が役立つか仮説を立て，教職員や保護者に具体的に伝える役割がある。児童の心や身体や言語力を含む個人と環境との相互作用を様々な視点からアセスメントし，支援を展開していくということは，学校全体がチームとして機能することであり，SCがひとりで仕事をするわけではない。SCは，児童へのカウンセリングや教師へのコンサルテーション，保護者への助言という個人へのアプローチを行うと同時に，必要に応じてコンサルテーション会議の開催をコーディネーター役の教員に依頼し，学校全体で協働していくことを提案することも役割の一つとなる。指導する立場でなく，対等な立ち位置からよろず相談を受け付けているSCは，発達障害のある児童生徒にとって学校生活を快適な環境にするための頼りになる助っ人である。

　早期に発達障害の診断を受けて療育機関に通っていた場合は，個別支援シートが学校に提出されている。療育機関が事前に児童の困難を予測して保護者に説明していたよりも学校教育のハードルが高い場合も多い。遊び中心の生活から，45分間座っていること，教師の話を聞いて理解し，指示に従って行動すること，新しいことに対して自ら判断して行動すること等は健常発達の児童にとっても戸惑うことである。毎日のように新しいことを学ぶ学校は，発達障害のある児童生徒にとって，混乱や不安が常に喚起される環境となり易く，行動化したり，逆に動けなくなることがある。学校という場に馴染めず，緊張の連続で，安心感のないままに，次々と学校行事が進行していくと，なんとか頑張ってきた発達障害のある児童生徒が不登校になる例も少なくない。幼児期には見逃されても，入学後に，集団行動がとれない場合は気づかれやすい。しかし，内在化（不安や抑うつ）している場合は，担任教師も保護者も気が付かない。また，様々な問題が生じていても，根本の原因までは理解されずに，その場限りの対処で終わっていることも少なくない。保護者が発達障害を受容できず，適切な支援につなげられないこともある。支援につながらないままに学年が進むと困難感や傷つきにより児童生徒のメンタルヘルスは深刻さを増す。気が付かれない場合，あるいは気が付いてはいても成長すれば，改善するだろうと楽観視され，SCにつながらないこともある。こんな場合の予防策として，東京都の学校は主に2つのことを行っている。1つは，自ら相談できる児童生徒を育てることを目標に啓蒙活動を行っている。もう1つは，小学5年生，中学1年生，高

校1年生に対してSCの全員面接がある。この面接機会を通して，問題の早期発見や将来，困難な出来事が起きた場合に相談しやすいよう準備している。

　発達障害がある児童が学校の中で安心して過ごしメンタルヘルスの維持・向上を促進するためには，児童の特性とそれゆえの様々な障壁に気付き，必要な支援を保護者と学校がチームとなって作り上げる必要がある。この部分にSCは，専門家として力を発揮できる。早期に発見されなかった児童の場合は，入学前に診断がついている児童以上に，苦戦していることがある。保護者は漠然とした不安感や育てにくさを感じているが，根本の原因には気付かないで，児童がやってしまった問題行動，例えば，喧嘩による暴力行為の謝罪などを繰り返すこともある。または仲間外れにされた，いじめられたという子どもからの訴えを愚痴としてとらえて，そのままにしているケースや，学校への不信感を募らせていることもある。

　一般に保護者は，発達障害に由来する児童生徒の衝動的な行動や被害感，不安感について，SCに相談すると解決の可能性がある，あるいは何らかの手が打たれる等，学校に頼めることがあるということとに結びつかないことが少なくない。

　心理の専門家であるSCは，背景を含めた児童の状態をアセスメントし，学校チームの一員として学校にある資源のみならず教育委員会や福祉機関の資源も含めて具体的な支援を提供することができる。学校生活で起こりうるハンディキャップや社会的不利益を減らす援助をすることで，児童生徒のメンタルヘルスに貢献する。

　以下，発達障害がある児童への学校でのメンタルヘルスケアについて，SCのできることを架空の事例を通して，しかしながら学校での典型的な例として記述する。

3　いくつかの事例

【事例１】　小学１年生のA君は，言葉数は少なめで大人しい，体格はよく，運動ができる。勉強も平均的で問題ない児童として見られ学校で話題に上ることはなかった。3学期に，SCは母親から登校しぶりの相談を受け，観察に行っ

た。ニコニコしていて愛嬌があり教室の一番後ろの席に大人しく着席していた。担任や友だちから注意されることはなかった。よく観察すると足は、小刻みな動きが止まらない、手は消しゴムのかすを作り続けていた。相談室に呼ぶと室内をソワソワと歩き続けてじっとしていない。幾つか質問しても、年齢相応の言葉による応答は難しかった。母親からの情報では、食事中は立ち歩き座って食べることができない、情動のコントロールが悪くて思うようにいかないと、弟に暴力を振るう、物を壊すなどの行為があった。クラス内の発表やお楽しみ会など、いつもと違う行事があると学校に行きたがらない。力ずくで連れていけない日は、お休みしているということだった。新学期の1年生を迎える会のことを今から心配してその日は休むと言っているとのことだった。

　SCは、本児を支援するための環境へのアプローチとして3点を考えた。学校が本児の困難さを理解するためのアプローチ、母親の子育てスキルに関するアプローチ、医療機関への受診について話し合うことである。学校は、本児の普段の生活態度から特別支援の必要性に関して否定的であった。本児が集団の中で緊張し不安の中、頑張っているようには、あのニコニコした表情からは読み取れない。母親の許可を得て、帰宅後や登校前の本児の様子を具体的に話すことで理解を求め、担任だけでなく管理職にも応援を依頼した。通常学級だけでは不足なので、通級指導学級（以下通級）※注 の入級を申し込むが、今度は通級から本児の様子を観察に来た教員からの理解が得られない。SCは、外在化問題を示す児童・生徒だけでなく、問題が内在化している児童も同じように支援を必要としていることについて、心理の専門家として説明した。学校へのアプローチを進めると同時に、母親には本児に対して「命令、否定、質問」を減らすこと、指示を本児の発達年齢に合わせ明確にするなどを教えた（CARE, 2016）。更に母親がこのスキルを家庭内で実施できるように具体的な困難場面を想定して、相談室でロールプレイを通して練習し、練習したスキルを宿題とした。学校や家庭での環境調整をしてる間に、医療機関からADHDの診断がおり、2年生の途中から通級での指導が開始された。その後、本児は、通級に巡回してくる言語聴覚士や作業療法士、心理士のアセスメントのもとに、聞く力、話す

※注　現在は特別支援教室

力，姿勢の問題などについて，教員と個別に，あるいは，異年齢の小グループの中で楽しみながら練習の機会が提供された。個別に専門家からアセスメントを受けると，言葉の意味を理解する受信力も思いや考えを発信する力も年齢に比して弱いことなどが明らかになった。集団の中で長時間すごすことの困難さは，教室の中で，大人しくしている場合，教師からは分かりにくい。このような児童生徒にとって必要な支援をSCは，学校の内外の資源を引き出し，共に歩みながら構築していくことになる。

【事例２】　小学４年の３学期から不登校になったB君の相談を母親から受けたのは，小学５年の４月のことである。B君は，低学年から通級に通っていたが，その頃は，学校にも通級にも行かずに，家でYouTubeを見たりゲームをして過ごしていた。本児が来談できなければ，母親が来談すればよいということで，毎週１回９時に予約をいれた。次の週から本児は母親と来談するようになったので，多目的室で母親と本児とSCでシャトルランを行うことと１週間の楽しかったことを書いて通帳のようにとじる「いいこと貯金」を開始した。本児は瞬く間に活力が湧いてきて５月から学校の特別な配慮により，通級指導教室に週２回通えるようになった。低学年から特別な支援を受けてきたにも関わらず，学校適応が難しかったため，SCは発達障害専門のクリニックを６月に紹介した。専門医療機関による詳細なアセスメントと丁寧な聴き取りの結果としての診断と助言が，７月末に母親から担任と管理職に手渡された。２学期になったが，医師の書面を受けての学校の動きは遅く，B君は，相変わらず通級に通うだけの生活だった。SCはコーディネーターに依頼して，母親を含めた支援会議の開催を進め，10月に管理職，担任，通級担任，コーディネーターの教員，特別支援教室専門員，母親，SCで第１回の会議が持たれた。母親からB君の状態を聞き，学校の資源を生かしてできることを，保護者を含めたチームで建設的に話し合い，元教員の学習支援員（各自治体により名称は異なる）や日本語指導の現職教員を活用して，個別に学習支援を行うこと，通級では学習だけでなく運動やコミュニケーションを狭小グループで行うことなどが話し合われ，この会議の直後から実行に移すことができた。週に４日登校し，１日は休みたいという本児の希望を受けて，その通りに計画した結果，週４日コンス

タントに登校できるようになった。初期の頃は母親が促して，本児は渋々ギリギリの登校だったが，徐々に本児から主体的に登校するようになった。6年生に進級した時に，適応指導教室を体験するなど，本児の教育環境をより充実する目的で，SCと母親の個別面接や学校との定期的な会議を継続した。ご家族の望みは，将来，本児にあった仕事を見つけて社会とつながり続けることである。中学は特別支援学級が本児に適していると保護者は判断し，本児は，特別支援学級の体験を6年生の秋に済ませた。小学校のSCとして，このプロセスに母親とともに伴走し，ご家族を支え続けた。本児に対しては途中から間接的な支援となり本児は無事に卒業していった。児童と深く付き合ってカウンセリングをするというよりは，ひとつの止まり木になった取り組みである。

【事例3】　小学6年生のC君は，学校が実施したアンケート調査の結果，身体症状と不安・抑うつ傾向がみられた。担任からの紹介でSCはC君と出会った。「先生が何ページを開きなさいと指示し，そのページを探しているうちに，授業が進んでしまい，ついていけなくなり混乱する。読むことはできるが，スピードが遅いので意味が分からないことがある。3年生くらいからの漢字が書けなくて，いくらやっても覚えられない。「草」か「華」か見分けがつきにくい。友だちが話している内容も分かるまでに時間がかかるので会話についていくことも苦しく，学校での生活が不安で，帰宅するころには頭痛になる。今は中学校のことを考えると不安になる。」とのことであった。SCが自分のことを引き出してくれたので話せたけど，このことは担任にも両親にも話していないとのことだった。担任に聞くと，本児は担任が近くにいっただけで払いのけるような態度で支援を受けようとしない，遅刻や休みが多く，朝，母親に連れられてふてくされた態度で登校するとのことだった。児童生徒は，自身の困難さを捉えきれない場合や表現できない場合がよくある。本人も学校も怠け者，反抗的と思っていることがある。時には「自分は性格が悪いから，嫌われて当然だ」と思っている。このように学校生活に苦戦している状況を理解しながら，どんな環境や状況を作るとその苦しみから抜け出せるのかについて，SCは保護者や担任と会って，心理学を活用して子どもが有利になるような具体的な支援をする。早期にSCと出会い支援を受けることで，生涯のメンタルヘルスケアにつなが

る可能性が開かれる。

4 学校の強みとこれからの課題

　学校は，児童生徒と教員，養護教諭，その他の多くの支援員（登校支援員，学習支援員，理科支援員，特別支援教室専門員，教員支援員，学校に協力してくれる地域のボランティア）と共に過ごす生活の場である。

　SCは，学校という生活の場で児童生徒と教員と一緒に活動する中で心理支援をする。学校心理学にとってチームでやるのが理想でなく現実であり，生活に密着しながら児童生徒を支援する活動がSCの強みである。環境を変えることで，児童生徒がいかに変わっていくかという視点を持ちながら，児童生徒が必要な教育を受けることで成長していくことを支援する。

　現状，発達障害そのものを治すことは，限界がある。しかしながら，そのことで損をしている部分を減らすために，担任やSCの仕事の中でやれることはたくさんある。SCのカウンセリングが，児童生徒の心の辛さを理解することだけでは不十分であり，教科学習に関する心理学と合わせて，教員と連携することで，発達障害のある児童生徒をトータルに援助していくことがメンタルヘルスケアに必要である。

　現在の発達障害に関する学校でのアセスメントは，主に「能力の水準」や「行動の特徴」で理解し，これらの漠然とした理解から，児童生徒の学校での生活に不利益が生じないようにチームで支援している。将来的には，その基にある「脳機能の状態」がわかれば具体的で原因療法的な支援を実施することができるようになるであろう。

【引用・参考文献】

CARE(Child-Adult Relationship Enhancement) (2016) 子どもと大人の絆を深めるプログラム．CARE-Japan Webサイト https://www.care-japan.org/

第12章

学校教育におけるメンタルヘルスの指導・支援に関する基本的な考え方

田中裕一

1 はじめに

　学校において，メンタルヘルスの不調を訴える子どもは少なくない。いじめや不登校，保健室利用などの数の推移から考えても，この子どもたちの陰に，不調を訴えられずに困っている子ども，さらには訴えられずに状況が悪くなっている子どもが数多くいることを想像することは難くない。

　そういう点から，学校におけるメンタルヘルスの取組は，障害がある子どもを含むすべての子どもに必要であり，子どもたちを指導・支援するすべての教員に必須，つまりすべての学校において必要性があることと言えるだろう。

　取り組む際の考え方として，今回の学習指導要領改訂におけるポイントである「主体的・対話的で深い学びの実現に向けた授業改善」，「教育課程全体を通じたインクルーシブ教育システムの構築を目指す特別支援教育の推進」は不可欠であり，それに加えて，「小・中・高等学校における保健領域，保健分野のつながり」の理解ではないかと考える。

　そこで，本稿では，学校教育でのメンタルヘルスにおける指導・支援に関する基本的な考え方について，学習指導要領における記載内容から解説する。

2 授業改善と各教科等における困難さに対する指導の工夫の意図，手立て

（1）学習指導要領で求められている「すべての子どもがわかる授業づくり」

　学校教育におけるメンタルヘルスに資する第一の取組は，「すべての子どもが

わかる授業づくり」であると考える。この取組は，メンタルヘルスを悪化させる誘因として考えられる「学業のつまずき」や「対人関係の問題」などを防止する方策であり，学校教育が担う最も重要な役割である。

この最も重要な役割について，今回の学習指導要領改訂において大きく関係する記述は，「主体的・対話的で深い学び」の実現に向けた授業改善である。学習指導要領解説総則編では，「単元や題材など内容や時間のまとまりを見通して，その中で育む資質・能力の育成に向けて，主体的・対話的で深い学びの実現に向けた授業改善を進めること」と示されている。

「主体的・対話的で深い学び」の実現に向けた授業改善については，各教科等の特質に応じて，学習の過程を重視して，具体的な学習内容，単元や題材の構成や学習の場面等に応じた方法について研究を重ね，ふさわしい方法を選択しながら，工夫して実践できるようにすることが重要である。

その際に，取り組む際の留意点として，

・各教科等において通常行われている学習活動（言語活動，観察・実験，問題解決的な学習など）の質を向上させることを主眼とするものであること。
・基礎的・基本的な知識及び技能の習得に課題がある場合には，それを身に付けさせるために，児童（生徒）の学びを深めたり主体性を引き出したりといった工夫を重ねながら，確実な習得を図ることを重視すること。

などが挙げられている。

これらの記述から，学校に求められている大きな役割として，授業の内容理解につまずいた子どもがいた場合，学校が第一に取り組むべきことは，なぜつまずいたのかを分析したうえで，授業改善を行うこと，と言えるだろう。

（2）各教科等における困難さに対する指導の工夫の意図，手立て

読者のみなさまは，教科等の学習過程における想定される困難さとそれに対する指導上の意図や手立てについて，各教科等の学習指導要領解説に示されていることをご存知だろうか。これらの個に応じた様々な「手立て」は，前述した

「主体的・対話的で深い学び」の実現に向けた授業改善を実施するにあたっても参考になるだろう。

　小・中・高等学校学習指導要領の特別支援教育に関する内容については，「個々の生徒の障害の状態等に応じた指導内容や指導方法の工夫を組織的かつ計画的に行う」ことが総則に明記されるとともに，各教科等においても，学習過程における想定される困難さとそれに対する指導上の意図や手立てについて，各教科等の学習指導要領解説に新規に明記された。

　これは，障害のある子どもやその可能性のある子ども（以下，「障害のある子ども等」という）に対して，障害の種類や程度を的確に把握した上で，「困難さの状態」に対して「指導上の工夫の意図」をもって，個に応じた様々な「手立て」を検討し，指導に当たっていく必要があることを意味している。

　これらの「手立て」の記載方法の基本的な考え方については，資質・能力の育成，各教科等の目標の実現を目指し，生徒が十分な学びが実現できるよう，学びの過程で考えられる「困難さの状態（実線箇所）」に対する「指導上の工夫の意図（二重線箇所）」と「手立て（波線箇所）」を構造的に示している。

　以下，各教科等の解説から抜粋する。

・中学校及び高等学校「国語科」

　比較的長い文章を書くなど，一定量の文字を書くことが困難な場合には，文字を書く負担を軽減するため，手書きだけではなくＩＣＴ機器を使って文章を書くことができるようにするなどの配慮をする。

・小学校及び中学校「社会科」，高等学校「地理歴史科」「公民科」

　地図等の資料から必要な情報を見付け出したり，読み取ったりすることが困難な場合には，読み取りやすくするために，地図等の情報を拡大したり，見る範囲を限定したりして，掲載されている情報を精選し，視点を明確にするなどの配慮をする。

・小学校「生活科」

　言葉での説明や指示だけでは，安全に気を付けることが難しい児童の場合には，その説明や指示の意味を理解し，なぜ危険なのかをイメージできるように，体験的な事前学習を行うなどの配慮をする。

・中学校及び高等学校「保健体育科」

日常生活とは異なる環境での活動が難しい場合には，<u>不安を解消できるよう，学習の順序や具体的な内容を段階的に説明するなど</u>の配慮をする。

対人関係への不安が強く，他者の体に直接触れることが難しい場合には，<u>仲間とともに活動することができるよう，ロープやタオルなどの補助用具を用いるなど</u>の配慮をする。

これらの手立ては，教科等や学校種の枠を超えて参考になるものが多く，すべての手立てに目を通すことをお勧めしたい。指導する教員が，自身の担当する教科等や学校種以外の手立てを知ることによって，障害の有無にかかわらず，学習に困難を抱えている子どもに対する授業の工夫のヒントとなることだろう。

なお，手立ての内容は，あくまでも例示であり，子ども一人一人の障害の状態や特性及び心身の発達の段階等の実態把握や学習状況を踏まえ，困難さの状態を把握し，必要な手立てを考え，工夫していくことが重要である。また，子どもの一人一人の学習上及び生活上の困難は異なることに十分に留意し，個に応じた指導内容や指導方法の工夫を検討し，適切な指導を行うことが大切である。さらに，個別の指導計画等に記載して，指導に当たるすべての教員が手立ての情報を共有したり，手立てが適切かどうかの検討を定期的に行ったりするなど，PDCA（Plan-Do-Check-Act）サイクルによる手立ての見直しを行うことも重要である。その際，文部科学省が作成した「教育支援資料」（https://www.mext.go.jp/a_menu/shotou/tokubetu/material/1340250.htm）などを参考にしながら，障害に関する知識や配慮等についての正しい理解と認識を深め，組織的な対応ができるようにしていくことが重要である。

そこで，校長が特別支援教育実施の責任者として，校内委員会を設置して，特別支援教育コーディネーターを指名し，校務分掌に明確に位置付けるなど，学校全体の特別支援教育の体制を充実させ，効果的な学校運営に努める必要がある。その際，個別の教育支援計画と個別の指導計画を作成・活用し，特別支援学校等に対し専門的な助言または援助を要請するなどして，組織的，計画的かつ継続的に取り組むことが重要である。その際，校内体制づくりについては，文部科学省が作成した『発達障害を含む障害のある幼児児童生徒に対する教育支

援体制整備ガイドライン〜発達障害等の可能性の段階から，教育的ニーズに気付き，支え，つなぐために〜』(https://www.mext.go.jp/a_menu/shotou/tokubetu/1383809.htm) を参考にしていただきたい。

3 メンタルヘルスの指導——保健領域，保健分野を中心に

(1) つながりのある指導の必要性

　学校教育におけるメンタルヘルスに関する取組は，前述したように日々の授業や学校生活全般において行うべきだが，メンタルヘルスの未然予防，早期発見，適切な対応などに関する内容を取り扱う教科は，保健領域（小学校第3学年以降），保健分野（中学校，高等学校）となる。

　小学校学習指導要領解説体育編には「小学校及び中学校の領域別系統表」が，中学校学習指導要領解説保健体育編では「保健領域，保健分野の系統表」が掲載され，小・中学校9年間の内容がつながりのあるものとして示されている。

　また，高等学校学習指導要領解説保健体育編には，中学校との接続が重視されており，特に保健分野では，「小学校，中学校の内容を踏まえた系統性のある指導ができるように内容を明確化しており，義務教育段階の学習内容が定着していることが前提として必要となるものであることから，生徒の実態等を踏まえ，関連する中学校の内容を適宜取り入れ，復習した上で指導することが考えられる。」と明記されている。

　これらのことからわかるようにメンタルヘルスの指導に関して，小学校，中学校，高等学校の取組のつながりが求められていると言えるだろう。

(2) 保健領域，保健分野のメンタルヘルスに係る内容

　小学校の保健領域においては，特に第5学年及び第6学年から，メンタルヘルスに関する記載が増えている。例えば，「心の健康（中略）について理解する」において，心の発達や心と体との密接な関係及び不安や悩みへの対処の仕方について触れることになっている。また，心の健康の予防に関する課題の解決に向けた方法や活動を工夫すること，つまり，自己の健康の課題であれば，保健

で習得した知識及び技能を活用して課題の解決方法を予想し考えたり，それらの中から適切な方法を選択したりすることが求められている。

今回の改訂で「健康で安全な生活を営むための技能」として，心の健康における不安や悩みへの対処の方法が，新たに追加されたことに留意が必要である。

中学校の保健分野においては，メンタルヘルスに関する記載内容がさらに増え，自他の課題や科学的に理解することが求められる。例えば，個人生活における健康・安全についての理解や基本的な技能において，健康な生活と疾病の予防，心身の機能の発達の仕方，及び精神機能の発達や自己形成，欲求やストレスへの対処などの心の健康について，個人生活を中心として科学的に理解できるようにするとともに，それらの内容に関わる基本的な技能を身に付けるようにすることを目指すこととなっている。他にも，「生涯を通じて心身の健康の保持増進を目指し，明るく豊かな生活を営む態度を養う」として，自他の健康に関心をもち，現在だけでなく生涯を通じて健康の保持増進や回復を目指す実践力の基礎を育てることを目指している。

特に「心身の機能の発達と心の健康」において，「欲求やストレスへの対処と心の健康」の中で「精神と身体の関わり」，「欲求やストレスとその対処」として，ストレスの原因となる事柄への対処やストレスの原因についての受け止め方を見直すこと，リラクセーションの方法など，様々なストレスへの対処についての技能が新たに示されたことに留意が必要である。

高等学校の保健分野においては，現代的な健康課題の解決に関わる内容，ライフステージにおける健康の保持増進や回復に関わる内容など，個人だけでなく社会生活について総合的に理解すること，それらの内容に関わる技能の習得が求められている。例えば，「個人の行動選択やそれを支える社会環境づくりなどが大切であるというヘルスプロモーションの考え方に基づいて現代社会の様々な健康課題に関して理解するとともに，その解決に向けて思考・判断・表現できるようにする必要がある」とされている。

特に「現代社会と健康」において，「精神疾患の予防と回復」の中で「精神疾患の特徴」，「精神疾患への対処」として，精神疾患に対する予防と回復について示されている。例えば，精神疾患の原因やその状態などの理解や，うつ病，統合失調症などを取り上げ，誰もが罹患しうること，若年で発症する疾患が多い

こと，適切な対処により回復し生活の質の向上が可能であることなどを理解することとなっている。また，精神疾患の予防と回復について，適切な運動，食事，休養及び睡眠など，調和のとれた生活を実践すること，早期に心身の不調に気付くこと，心身に起こった反応については体ほぐしの運動などのリラクセーションの方法でストレスを緩和することなどが重要であること，心身の不調の早期発見と治療や支援の早期の開始によって回復可能性が高まることの理解についても理解することとなっている。これらの内容以外にも，メンタルヘルスに関する内容が充実していることに留意が必要である。

　ここまで述べたように，保健領域，保健分野におけるメンタルヘルスに関する内容は増えており，それらを踏まえた学校における取組の充実が求められている（新学習指導要領は，小学校では令和2年度からすでに実施されており，中学校では令和3年度から全面実施，高等学校では令和4年度入学生から年次進行による実施となっている）。

4 おわりに

　学校教育におけるメンタルヘルスの指導・支援は，発達障害を含む障害のある子どもだけでなく，すべての子どもに対して，わかりやすい授業づくりを行うことが出発点である。また，学校教育においては，保健領域，保健分野を中心に，メンタルヘルスに関する内容が含まれており，今回の改訂で充実したこともご理解いただけただろう。

　学校教育でのメンタルヘルスにおける指導や支援に関する取組は，子どもの生涯を支えることとなる。すべての教員がしっかりと学習指導要領及び解説を読み込み，取り組んでいただきたい。

【引用・参考文献】

文部科学省（2017）小学校及び中学校学習指導要領及び解説．
文部科学省（2018）高等学校学習指導要領及び解説．

第13章

海外の発達障害のある子の
メンタルヘルスケア

1 アメリカでの状況と取り組み

廣田智也

1 はじめに

　筆者は米国のカリフォルニア州にある大学（UCSF）病院クリニックで児童思春期精神科医として勤務している。現在は，同病院で指導医，大学教員として，発達障害（特に自閉スペクトラム症：ASDと稀少遺伝疾患）を専門にしている。勤務先のUCSFの発達障害センターでは，児童思春期精神科医，心理士，ソーシャルワーカー，行動分析家（療法士），言語療法士で構成される多職種診療チームで発達障害児のメンタルヘルス問題にあたっている。この章では，広大なアメリカのたった一州からの情報ではあるが，発達障害のある子（以下，発達障害児）におけるメンタルヘルス問題の評価について，教育現場で発達障害を支えるシステムについて，COVID-19のパンデミック状況下での発達障害児のメンタルヘルス問題について，など米国の臨床医から生の声を届けたい。

2 発達障害のある子におけるメンタルヘルス問題の評価の難しさ

　ここでは，まず発達障害児におけるメンタルヘルス問題の複雑さから述べたい。発達障害児の心理・精神的評価は困難である。1つ目の理由として，どのような評価尺度や面接技法が発達障害児に適した（妥当性のある）ものだろうか。

発達障害自体の診断手法の進歩（例えば，ASDにおけるADOSなど）に比べ，併存するメンタルヘルス問題を評価する手段は発達途上である。ほとんどの場合，定型発達児を対象に開発され，妥当性の認められた尺度や面接技法を用いることになる。これらの評価尺度や構造化面接は児の発達・認知レベルよりも実年齢に基づいて開発されており，ASD児や知的障害児のメンタルヘルス問題を適切に評価できていない可能性がある。

　評価を困難にする2つ目の理由として，併存するメンタルヘルス問題の概念化に一定の見解が得られていないことがある。例えば，言語能力に乏しい児における苛立ちや攻撃性，読字障害を有する児における不安症状，また，社会性スキルに乏しく交友関係を築くことができないASD児における抑うつ気分，といった症状をどのように理解すればよいのだろうか。古典的な概念にあるように，発達障害児における感情・行動問題といったメンタルヘルス問題は，発達障害特性に由来する「二次的」なものと捉えてよいのだろうか。これまでに行われた研究からは，因果関係（一方がもう一方の原因となる関係）を証明されたものはなく，メンタルヘルス問題が発達障害の「二次的」なものであるという概念は現時点では推論に留まっている。遺伝子研究や疫学研究から，発達障害同士（例えばASDとADHD），発達障害とメンタルヘルス問題（例えばASDと不安障害）は症状レベルでも遺伝子レベルでも強い関連性が認められていることがわかっているため（Leitner, 2014; Shephard et al., 2019），「どちらが先でどちらが後か」，という概念よりも，両者は併存し互いに影響し合っているという概念のほうが適切かもしれない。

3 教育現場での発達障害のある子のメンタルヘルス問題の重要性

　ASDを例にあげると，ASD児においては非ASD児に比して高頻度にメンタルヘルス問題が併存することがわかっている（Simonoff et al., 2008）。これは，知的発達症を伴うASD，知的発達症を伴わないASDのいずれにも当てはまり，つまり，いずれの学校・学級でもメンタルヘルス問題に支援を必要としている児が一定数存在していることを示唆している。

　教育現場でのメンタルヘルス問題への介入は，臨床現場での介入と大きく異

なる。例を挙げると，筆者の勤務する臨床現場では，発達障害を専門にする臨床家チームが薬物療法や心理療法（認知行動療法など）といった治療（医療的な介入）を行うのに対し，教育現場では，「教育的」介入が行われる。これについて述べる前に，米国の発達障害児の教育現場での支援制度について簡単に述べたい。

4 米国における特別支援教育の支援制度とメンタルヘルスケア

米国では，障害者教育法（Individuals with Disabilities Education Act：https://sites.ed.gov/idea/）に基づいて，特別支援教育が21歳まで保証されている（公立学校のみに適応される）。特別支援教育は，個別指導計画（Individualized education plans：IEP）に基づいて提供される。IEPを受給できるかどうかは，教育委員会の指定する心理士の評価に基づいて決定される。多種の質問紙や発達検査，認知機能検査，学習機能検査を組み合わせ，自閉症や学習障害，ADHDや強度の感情問題（これら2つは，症状の程度が強く学習面への影響が多大な場合のみ，「その他の健康上の障害」カテゴリーに含まれる）などの有無を評価する。

IEPが認定された児は特別支援教育（Special education）の対象となる。米国の公立校はインクルーシブ教育であるため，特別支援教育を受けている児も普通学級に属する。これらの児は，一般的には普通学級で学習し，教科に応じて特別支援教育を受ける（例えば，数学と理科のみ普通学級を離れて学習）。知的障害を合併している場合や行動障害の強い児の場合は，特別支援学級（Special Day Class）に常時滞在することがほとんどである。

IEPを通じた教育現場でのメンタルヘルス問題への介入としては，①発達障害そのものに対する介入（例：ASD児への言語療法やソーシャルスキルトレーニングなど），②学習面での支援（ADHD児への座席配置の工夫，試験時間の調整など），そして③メンタルヘルス問題そのもの（感情問題，行動問題）に対する介入（スクールカウンセラーによる心理療法，行動分析家による応用行動分析に基づいた行動療法など）が挙げられる。ただ，多くの場合，メンタルヘルス問題に関しては臨床的介入（治療）が必要となることが多いため，専門機関

の医師や心理士との連携が必要となる。

5 Covid-19パンデミック下での発達障害のある子のメンタルヘルス

　この章の原稿を執筆している現在（2020年10月）も米国の多くの地域は，Covid-19のパンデミックの影響を強く受けており，筆者の住むカリフォルニア州では不要不急の外出制限（Shelter-in-place）が2020年3月から現在まで継続している。このため，ほぼ全ての学校はオンライン授業に切り替わった。公園やプールなど公共施設は全て使用禁止となり，外出時のマスク着用も義務付けられている（州によるが，カリフォルニア州ではマスクの不着用は罰金対象となる）。Zoomや他のオンラインビデオを用いた学習は，知的障害を伴う発達障害児や，学習障害，ADHD症状を強く有する児には極めて困難である。教室内ではマンツーマンで支援を受けていた児は，現在はオンライン上でマンツーマンの補助を受けているが，画面を通じての支援は概して功を奏していない。このような状況下で，児の苛立ちや不注意，衝動性の亢進を訴える保護者が増えている。オンライン授業に集中できず，娯楽目的でのタブレットやコンピューター使用が増え，それらの使用を制限しようとする保護者とのやり取りから生じる行動問題（例：暴言，家庭内での器物破壊）も増加している。また，日課が突然変更（オンライン授業，公共施設の閉鎖）となったASD児の混乱や行動問題も大きな問題となっている。このような未曾有の状況下で，発達障害児のメンタルヘルス問題の予防や軽減にどのような教育的介入が有用かといった科学的根拠はまだ存在しない。筆者の勤務するUCSFもクリニックは全てオンライン診察に移行し，これらメンタルヘルス問題に対して医療的介入を行っているが，オンラインでの心理療法や行動療法は，高機能の発達障害児を除いては施行することが困難である印象を強く受けている。

6 おわりに

　併存するメンタルヘルス問題は生活の質に影響を与える。臨床現場に現れる発達障害児の有するメンタルヘルス問題は重症であることが多く，重症化する

以前の段階での介入が望ましい。教育現場や家庭はそのような介入に最適な場である。発達障害を専門とする臨床家や研究者との連携により，実現可能かつ有用な介入の開発が望まれる。

【引用・参考文献】

Leitner, Y., 2014. The Co-Occurrence of Autism and Attention Deficit Hyperactivity Disorder in Children – What Do We Know? Front Hum Neurosci 8. https://doi.org/10.3389/fnhum.2014.00268

Shephard, E., Bedford, R., Milosavljevic, B., Gliga, T., Jones, E.J.H., Pickles, A., Johnson, M.H., Charman, T., 2019. Early developmental pathways to childhood symptoms of attention-deficit hyperactivity disorder, anxiety and autism spectrum disorder. Journal of Child Psychology and Psychiatry 60, 963–974. https://doi.org/10.1111/jcpp.12947

Simonoff, E., Pickles, A., Charman, T., Chandler, S., Loucas, T., Baird, G., 2008. Psychiatric disorders in children with autism spectrum disorders: prevalence, comorbidity, and associated factors in a population-derived sample. J Am Acad Child Adolesc Psychiatry 47, 921–929. https://doi.org/10.1097/CHI.0b013e318179964f

堀口真里

1 はじめに

　著者は，豪州の学部・大学院で心理士の資格を取得し，現在メルボルンの私立クリニックで発達障害などの子どもの療育に携わっている。同時に，大学の教育学部の講師として，子どもの発達に関する科目を教えている。本稿では，臨床と教育の両方の立場から見た，豪州における発達障害のある子どものメンタルヘルス支援の取り組みを紹介する。

　国の施策や制度は常に変革を伴うものであり，紹介する内容は2021年現在の情報に限定されるが，文化的・歴史的背景の異なる豪州での取り組みを概観し，支援のあり方の一例を提示していきたい。

2 国レベルのメンタルヘルス支援

　発達障害のある子どものメンタルヘルス支援の基盤として，全ての子どもと親を対象にした国レベルの介入がある。ここでは，いくつかの支援制度を紹介する。

（1）メンタルヘルスケア制度による早期介入

　豪州では，全国民を対象とするBetter Access to Mental Health Careという施策がある。心の健康サポートへのアクセスを容易にできるようにするための施策で，メンタルヘルス関連の治療費用を一部，国が医療保険によって負担する。国民がこの制度を利用する際の流れとしては，多くの場合，まず総合診

療医（General Practitioner；GP）に心の問題を相談する。診療医は，相談内容に合わせたメンタルヘルスケアプラン（Mental Health Care Plan）を作成し，どのような専門家からの相談や治療が必要であるかを記載する。たとえば，心理士や精神科医，作業療法士，社会福祉士など，個々のニーズに合わせたサポートを得るように勧められる。そうした専門的サポートは，病院や民間，NPOが運営するクリニックのほか，療育施設やコミュニティセンターなど様々な場所で提供されており，選ぶことができる。国民はこのメンタルヘルスケアプランを使うことで，年10回まで無料または経済補助を受けて，相談やカウンセリングを受けることができる。現在は，新型コロナウィルスによるメンタルヘルスへの影響に伴い，年に20回まで補助が受けられる制度に一時的に変更されている。

　メンタルヘルスケア制度は，主にうつや不安，その他の精神疾患の診断をすでに受けている人が対象となるが，子どものメンタルヘルスは広く定義されているため，発達の相談に利用される場合が多い。心理士が親から受けることの多い相談は，「子どもに不安症状がある」「かんしゃくが多い」「社会性が欠けている」などである。自分自身がうつや不安症などの診断を受けたことのある親が，「自分の子には，予防のために早くからサポートを受けさせたい」と定期的なサポートを受けに来る場合もある。また，子どもの発達の遅れに気づいた親が，「発達障害の検査は受けていないが，その可能性はあるだろうか」と心理士の元へ相談に来る場合もある。

　豪州政府の統計によると，メンタルヘルスケア制度の利用者は近年急増しており，2008年は国民の5.7％が利用したが，2018年には10.6％となった（Australian Institute of Health and Welfare, 2020）。「心の健康や発達の問題への早期介入や予防」に対する人々の認識が高まり，本制度が手軽にアクセスできるサービスとして定着し始めたといえる。

（2）親や教員への公的な支援

　国レベルのメンタルヘルス支援として他に挙げられるのが，親や教員への公的な支援である。インターネット上での発達に関する正確な情報の充実や，教育現場での教員へのトレーニングの強化により，全ての親や教員の知識を増や

すことが目指されている。

　政府や研究機関などが共同で制作したRaising Children Networkという親向けのウェブサイトもその一つである。全ての親に向けた子育てのヒントのほか，発達障害やメンタルヘルスに関する最新の知見や情報が豊富に載せられている。現代は，インターネットでありとあらゆる情報に触れることができ，親が歪んだ知識を持つ可能性も高い。そのため，本サイトは，できるだけ親を最新の研究に基づいた正確な情報へと導くように工夫されている。「発達障害の症状を疑ったときは？」「発達障害の子どもの不安やうつの症状とは？」といった疑問に答えるほか，自閉症の様々な介入プログラムのリストとそれぞれの実証研究の有無なども記載されている。

　教育の場では，全ての児童を対象にした社会情動的学習（Social and Emotional Learning；SEL）が積極的にカリキュラムに組み込まれ，メンタルヘルスの重要性が強調されている。すでに教育現場に出ている教員や養成課程の学生向けに，メンタルヘルスや発達障害の支援に関するトレーニングも盛んに行なわれている。ニーズのある児童をどう学級でサポートし，どのように親と連携するかなど，具体的な演習を通して知識とスキルを身につけていく。

3 個人レベルの包括的な支援

　ここでは，発達障害のある子どもを対象にした，豪州での医療と教育の場での子どもとその家族への支援を紹介する。

（1）チームによる支援

　医療の場では，子どもの発達に遅れがある場合，複数の専門家が親と連携する多職種チーム（Multidisciplinary team）が支援の基本となっている。多くの場合，親は，発達障害を専門とする小児科医や精神科医に定期的に通い，子どもの発達の相談をする。また，子どものニーズに合わせて，心理士，言語聴覚士，作業療法士などがチームに加わる。そのチームが親と連携し，互いに連絡を取り合いながら，時には会議を開き，療育方針を決めていく。

　幼稚園や学校などの教育現場でも，個別のサポートチームが編成される場合

が多い。たとえば，メルボルン市の州立の学校では，発達障害の診断がある子どもや，学習や精神面でニーズが高い子どもには，Student Support Groupというチームが編成される。チームには，親と担任教員，校長または副校長が加わり，必要に応じて，心理士や他の医療スタッフ，親が英語を流暢に話せない場合は通訳者も加わる。学期ごとにチームが集まり，子どもの長所とニーズを考慮した個別指導計画が組まれ，学校での支援の方法や目標などが決められる。ニーズの度合いにもよるが，知的障害，自閉症，言語障害などの診断を持つ子どもはProgram for Students with Disabilities（PSD）という政府のプログラムを通して経済的支援が与えられ，学校で補助教員を雇う費用が賄えることが多い。

（2）障害者保険による療育への経済的支援

豪州の個人レベルの取り組みのもう一つが，2016年に正式に導入された国民障害者保険（The National Disability Insurance Scheme;以下NDIS）である。NDISは永続的で重い障害を持った人とその家族を支援する保険で，先に挙げたメンタルヘルスケア制度より対象の範囲は限定的であるが，ニーズに合わせた経済的支援が受けられるようになっている。

たとえば，子どもが「知的障害を伴う自閉症」という診断を受けた場合，必要な医療サービスや介入（心理士や言語聴覚士，作業療法士による治療など）の費用は，ほぼ全額NDISで賄われる。また，7歳までは障害の診断がなくても，「発達の遅れがあり，日々の生活に大きく影響がある」と診断されると，受給対象になる。診断の有無に限らず，早期支援により，子どもの自立を促す体制づくりが目指されている。

保険の仕組みとしては，まず，親がNDISのスタッフと子どものニーズについて話し合い，目標達成に焦点を当てたプランを共同で作成していく。たとえば，「人とのつながりを増やす」「身の回りのことを自立して行うスキルを身につける」「コミュニケーション力や問題解決力をつける」「不安のマネージメントができるようになる」「運動能力を増やす」などの目標を立てる。次に，その目標に合わせて，療育チームがそれぞれの専門の分野で，具体的な療育方針を決めていく。年に一回，療育チームが報告レポートをNDISに提出し，NDISのス

タッフが親との話し合いを通して子どものニーズを見直し，翌年度の予算と目標が決められる。

NDIS制度は，導入されて年数も浅く，課題もある。たとえば，「日常生活に大きく影響がある」かつ「永続的な障害である」ことが受給資格になっているため，一見，障害があるように見えない発達障害の場合は，支援が得にくい。特に，学習障害やADHD，高機能自閉症などは，日常生活への影響や困りごとが理解されにくい。また，NDISは医療制度として導入されたため，現状ではNDISと教育現場のスタッフ間の連携が重要視されておらず，今後は，より包括的な支援体制づくりが必要といえる。課題はあるが，NDIS制度の強化と拡充によって，ニーズのある子どもやその家族の意思を尊重した支援が目指されている。

4 おわりに

本稿では，豪州における，発達障害のある子のメンタルヘルス支援の取り組みの一部を，国と個人レベルで紹介した。国レベルの介入として，全ての子どもや親が対象になっているメンタルヘルスケア制度と，親や教員向けに発達やメンタルヘルスに関する情報や知識の強化を目指す施策を挙げた。これらの施策の導入によって，発達障害のある子どもを含めた全ての子どもやその家族のメンタルヘルスを，社会全体で支援する基盤が構築され始めていることが示唆される。また，発達障害のある子どもやハイリスク児への介入として，教育と医療の場でのチームによる支援と障害者保険による経済的支援を紹介した。子どものニーズに見合っており，かつ，その子や家族の意思に沿った早期支援が目指されている。

より包括的な支援を提供するための改善点など，課題も見られる。どのような制度も課題を含むものであるが，新しい研究知見や情報を取り入れつつ，一人ひとりに合ったメンタルヘルスケアが提供できる社会の構築が，模索されている。

▌著者紹介（執筆順）

神尾　陽子　（かみお・ようこ）　編著者・発達障害クリニック 院長・一般社団法人発達障害専門センター 代表理事・お茶の水女子大学人間発達教育科学研究所 客員教授

石飛　　信　（いしとび・まこと）　社会医療法人 寿栄会 ありまこうげんホスピタル 診療部長

中島　洋子　（なかしま・ようこ）　医療法人豊仁会まな星クリニック 院長

奥野　正景　（おくの・まさかげ）　医療法人サヂカム会三国丘病院 理事長・同三国丘こころのクリニック 院長

海老島　健　（えびしま・けん）　東京都立小児総合医療センター児童・思春期精神科 医員

岡　　琢哉　（おか・たくや）　社会医療法人聖泉会聖十字病院 医長・岐阜大学神経統御学講座精神病理学分野 非常勤講師・(株)カケミチプロジェクト 代表取締役

全　　有耳　（ぜん・ゆい）　奈良教育大学教職開発講座 教授

大石　幸二　（おおいし・こうじ）　立教大学現代心理学部教授

染谷　　怜　（そめや・さとる）　発達障害クリニック 心理士

桑原　千明　（くわばら・ちあき）　発達障害クリニック 心理士・文教大学教育学部 准教授

佐藤　直子　（さとう・なおこ）　発達障害クリニック 心理士

立花　良之　（たちばな・よしゆき）　国立成育医療研究センターこころの診療部乳幼児メンタルヘルス診療科 診療部長・信州大学医学部周産期のこころの医学講座 特任教授

多門　裕貴　（たもん・ひろき）　国立成育医療研究センターこころの診療部乳幼児メンタルヘルス診療科 専門修練医

加藤　澄江　（かとう・すみえ）　(株)ペアベール代表取締役・東京都公立学校スクールカウンセラー・公認心理師・臨床心理士

田中　裕一　（たなか・ゆういち）　兵庫県教育委員会事務局特別支援教育課 副課長

廣田　智也　（ひろた・ともや）　カリフォルニア大学サンフランシスコ校（University of California San Francisco）精神科 准教授

堀口　真里　（ほりぐち・まり）　豪州政府認定心理士・メルボルン大学大学院教育学研究科非常勤講師

┃ 監修者紹介

栃植雅義(つげ・まさよし)

筑波大学人間系障害科学域教授。愛知教育大学大学院修士課程修了，筑波大学大学院修士課程修了，筑波大学より博士（教育学）。国立特殊教育総合研究所研究室長，カリフォルニア大学ロサンゼルス校（UCLA）客員研究員，文部科学省特別支援教育調査官，兵庫教育大学大学院教授，国立特別支援教育総合研究所上席総括研究員・教育情報部長・発達障害教育情報センター長を経て現職。主な著書に，『高等学校の特別支援教育 Q&A』（共編，金子書房，2013），『教室の中の気質と学級づくり』（翻訳，金子書房，2010），『特別支援教育』（中央公論新社，2013）『はじめての特別支援教育』（編著，有斐閣，2010），『特別支援教育の新たな展開』（勁草書房，2008），『学習障害(LD)』（中央公論新社，2002）など多数。

┃ 編著者紹介

神尾陽子(かみお・ようこ)

医療法人社団神尾陽子記念会発達障害クリニック院長，一般社団法人発達障害専門センター代表理事，お茶の水女子大学人間発達教育科学研究所客員教授，国立精神・神経医療研究センター精神保健研究所客員研究員，日本学術会議連携会員。京都大学医学部卒業。医学博士（京都大学）。児童精神科医。専門は，自閉スペクトラム症を含む発達障害および子どものメンタルヘルス全般。現在は，診療の他，臨床研究や教育・医・福祉の発達障害連携支援システムの地域実装に携わる。国際自閉症研究会議(International Society for Autism Research: IMSAR) 学会誌「Autism Research」編集委員など，官民の審議会委員を多数務める。主な著書に『発達障害（最新医学別冊：診断と治療の ABC130)』（企画・執筆，最新医学社，2018），『子どもの健康を育むために：医療と教育のギャップを克服する（学術会議叢書23)』（企画・執筆，日本学術協力財団，2017），『成人期の自閉症スペクトラム診療実践マニュアル』（編集・執筆，医学書院，2012）など。

ハンディシリーズ 発達障害支援・特別支援教育ナビ

発達障害のある子のメンタルヘルスケア
—— これからの包括的支援に必要なこと

2021 年 8 月 31 日　初版第 1 刷発行　　　　　　　　　　　　　［検印省略］

監修者	柘 植 雅 義
編著者	神 尾 陽 子
発行者	金 子 紀 子
発行所	株式会社 金 子 書 房

〒112-0012　東京都文京区大塚 3-3-7
TEL　03-3941-0111㈹
FAX　03-3941-0163
振替　00180-9-103376
URL　https://www.kanekoshobo.co.jp

印刷／藤原印刷株式会社　製本／一色製本株式会社
装丁・デザイン・本文レイアウト／ mammoth.